< 그림책빵집 1호점을 열면서 >

그림책빵집 1호점을 찾은 모든 어린이들에게

오늘 하루, 여러분의 마음은 어땠나요?
매일 매일 행복하고 기쁜 일들만 있으면 정말 좋겠지만
하루를 보내다 보면 그렇지 않을 때가 더 많답니다.

때로는 화내기도 하고
때로는 슬프기도 하고
때로는 힘들기도 하고
때로는 부끄럽기도 하고
때로는 속상하기도 하고
때로는 짜증나기도 하죠.

이럴 때 여러분은 어떻게 하나요?

누군가 내 마음을 들여다 봐주고,
다독여주길 원하지만
항상 다른 사람이 내 마음을 돌봐줄 수 있는 건 아니에요.

내가 내 마음을 위로하고 싶지만,
내 마음이 내 마음대로 잘 안된다는 것을
여러분도 이미 알고 있을 거예요.

그렇다고 내 마음을 탓하지 마세요.
우리는 다들 그렇게 자라고 있어요.

하지만, 내 마음이 자꾸 심통을 부릴 때
그걸 그대로 두라는 말은 아니에요.
변덕쟁이 마음을 그대로 두면
내 마음에 멍이 들 수 있거든요.

그래서 우리에게는 마음의 양식이 필요해요.
우리의 몸이 배가 고픈 것처럼
우리의 마음도 배고플 때가 있거든요.

내 마음을 내가 잘 모를 때
내 마음을 누군가에게 위로받고 싶을 때
내 마음을 들여다 봐줄 누군가가 필요할 때
이렇게 내 마음이 배고플 때는 그림책빵집으로 오세요.

그림책빵집에는 여러분의 마음을
돌보고, 채우고, 나눌 수 있는 이야기가 무궁무진하답니다.

그림책빵집에서
오늘 하루도 힘차고 행복하게 보낼 수 있는
마음의 양식을 얻어 갔으면 좋겠어요.

이 책이 여러분의 마음을 다독일 수 있는 작은 힘이 되길 진심으로 바랍니다.

그림책빵집 대표　신헌재 할아버지가

그림책빵집 이용설명서

그림책빵집에 오신 여러분을 환영합니다.

나는 그림책빵집 제빵사 할아버지에요.
그림책빵집에 들어오기 전에
알려줄 게 있어요.
부모님과 같이
읽어보세요.

고민 나누기
그림을 보며, 아이의 고민을 알아봐요.

① 아이의 고민을 생각하며 나의 경험을 떠올려 보세요.

생각 열기 오늘의 빵을 생각하며 그림책을 읽어요.

② 오늘의 빵은 여러분의 고민 해결을 도와줄 거예요.

③ 오늘의 빵에 넣고 싶은 여러분만의 비법 재료를 써 보세요.

④ 책과 어울리는 해시태그를 남겨 보세요.

⑤ QR코드를 찍으면 영상을 볼 수 있어요.

⑥ 제빵사가 추천하는 다른 그림책도 읽어 보세요.

마음 키우기 책을 읽고 독후활동을 해요.

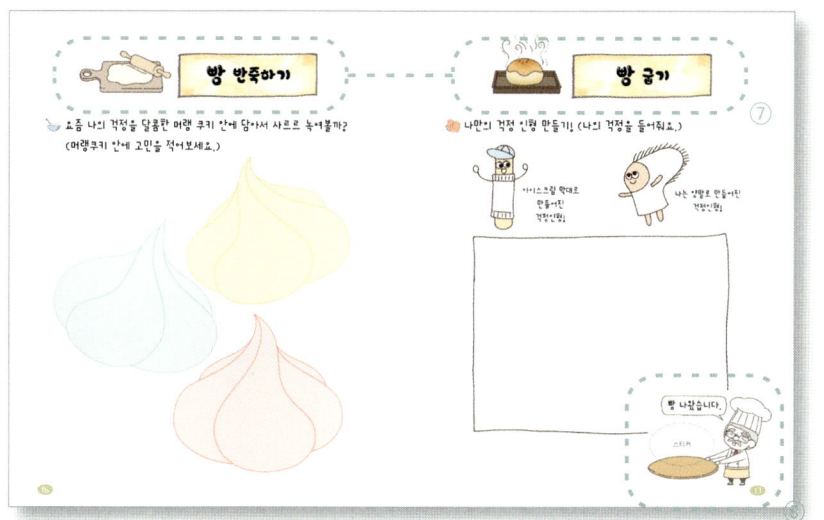

⑦ 독후활동지에 내 생각을 표현해보세요.

⑧ 독후활동을 마무리하면 빵 스티커를 여기에 붙여 보세요.

※ 빵 스티커는 책 맨 마지막 페이지에 있습니다.

마음을 돌보는 빵

걱정이 많아서 걱정이에요 — 12
마음이 너에게 머래니, 걱정마
🧑‍🍳 머랭쿠키

그냥 자꾸만 화가 나요 — 18
짜증 부리는 건 시러, 시러~ 업 가득
🧑‍🍳 팬케이크

친구들 앞에서 내 마음이 자꾸 작아져요 — 24
움츠렸던 마음 피자
🧑‍🍳 피자빵

왜 나만 갖고 그래 — 30
내 마음이 새까맣게 타버렸어, 숯검댕이
🧑‍🍳 오징어먹물빵

소문 때문에 친구와 멀어졌어요 — 36
거짓빵빵, 진실 텅텅 속지말자
🧑‍🍳 공갈빵

나도 예뻐지고 싶어요 — 42
내가 어때서?! 내 모습에 반하나
🧑‍🍳 바나나빵

우리 할머니는 어디로 가셨을까? — 48
하늘에서 저 별이 떨어지네, 별소금 콕콕
🧑‍🍳 프레즐

마음을 채우는 빵

저는 잘하는 게 하나도 없는 것 같아요 — 56
자신감이 부풀어 오르는 매력 뿜뿜
🧑‍🍳 효모빵

할머니는 '그냥 할머니'인 줄 알았어요 — 62
할머니의 사랑을 통째로 담은
🧑‍🍳 통단팥빵

학원 가기 싫어요 — 68
학원 가기 싫어 몸이 배배 꼬이네,
🧑‍🍳 꽈배기

나도 모르게 미운 말이 튀어 나와요 — 74
말 그렇게 하지 마요, 마요 듬뿍
🧑‍🍳 샐러드빵

거짓말이 꼬리를 물어요 — 80
진실은 언제나 맞쥬? 진실품은
🧑‍🍳 황금만쥬

정리하는 게 너무 귀찮아요 — 86
깨끗한 방이 부러우니? 너도 할 수 있어
🧑‍🍳 브라우니

스마트폰이 하고 싶어요 — 92
멈출 수 없는 스마트폰, 손이 가요 손이 가
🧑‍🍳 핑거스틱

마음을 나누는 빵

저도 다른 사람을 도와주고 싶어요 100
세상의 어둠을 밝히는 달콤함
🍞 화이트 초콜릿

몸과 마음이 불편한 사람들을 어떻게 대해야 하나요? 106
함께 하면 담백한 세상, 같이의 가치
🍞 치아바타

미세먼지 때문에 놀 수가 없어요 112
깨끗한 구름을 닮은 푹신푹신
🍞 우유빵

내가 버린 플라스틱은 어디로 가는 걸까요? 118
우리가 지키는 초록별
🍞 녹차 카스테라

나도 새 옷 입고 싶어요 124
내 위치는 언니와 동생 사이, 사이좋게
🍞 샌드위치

엄마, 아빠랑 놀고 싶어요 130
나는 부모님의 사랑이 고파요
🍞 고구마파이

우리
그림책빵을
소개합니다

마음을 돌보는 빵

걱정이 많아서 걱정이에요

오늘의
빵

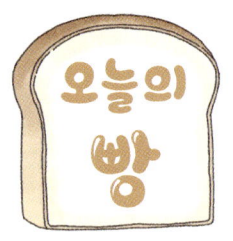

마음이 너에게 머래니, 걱정마 머랭 쿠키

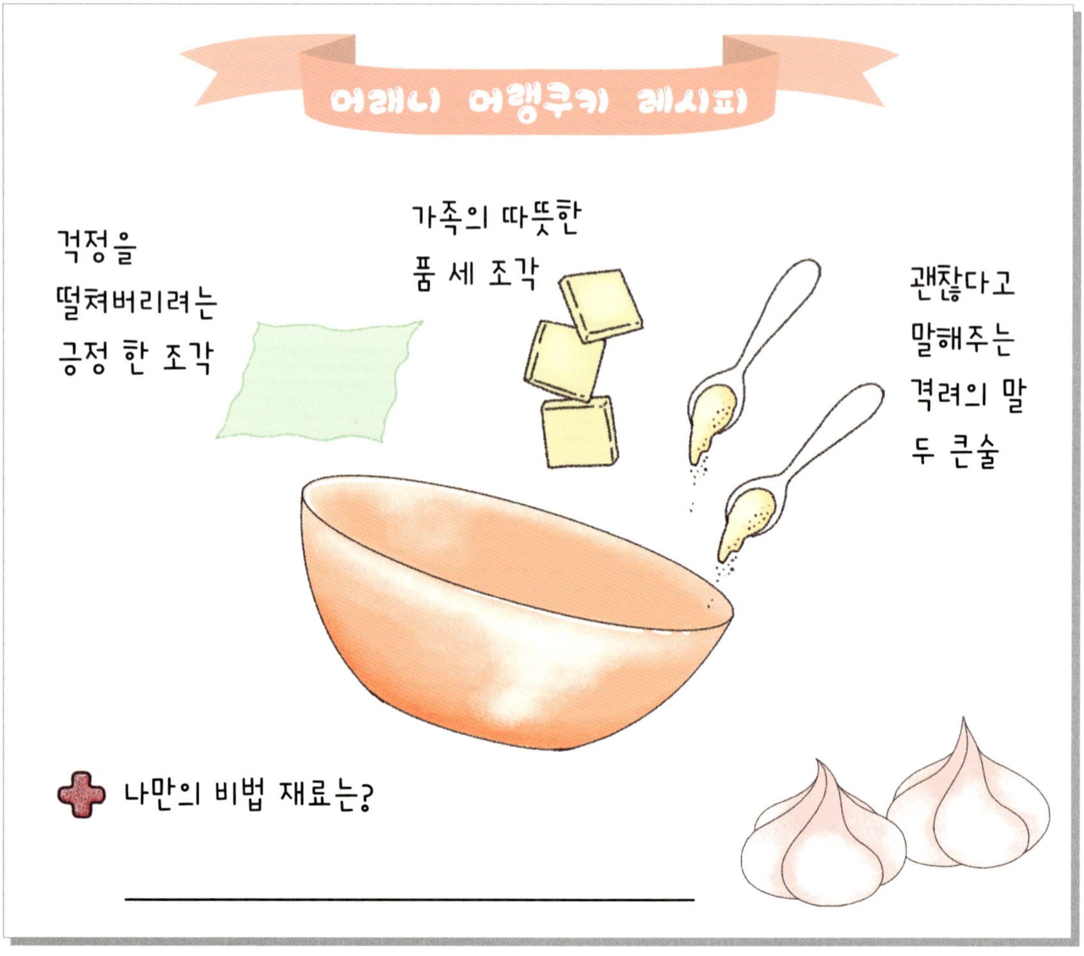
머래니 머랭쿠키 레시피
걱정을
떨쳐버리려는
긍정 한 조각
가족의 따뜻한
품 세 조각
괜찮다고
말해주는
격려의 말
두 큰술
나만의 비법 재료는?

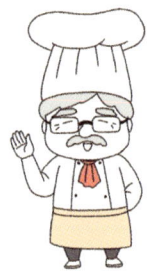

머랭 쿠키가 구워지는 동안 '그 녀석, 걱정'을 읽어봐.
걱정을 또 만나더라도 금방 떠나보내게 될 거야.

그 녀석, 걱정
(안단테 글, 소복이 그림 / 우주나무 / 2018)

어느날, '나'를 찾아온 그 녀석. 처음에는 작아서 보이지도 않았던 그 녀석을 떼어내지지 않고 점점 커져 나를 집어 삼킬 것 같아.

#그 녀석, 대체 정체가 뭐냐? #자꾸만 커지는 이유는? #누구나 이고 업고 지고 사는 그 녀석 #그 녀석을 잘 쫓아내는 방법
#_____

맛있는 공유

🍭 그 녀석, 걱정

🍭 그 녀석, 걱정 기획노트

제빵사 추천

🥛 **걱정 괴물이 뭐길래**
(앨리슨 에드워드 글·그림 갈락시아스/2019)

🥛 **두근두근 걱정대장**
(우미옥 글, 노인경 그림/ 비룡소/2015)

🥛 **걱정하는 마음 안아주기**
(쇼나 이니스 글, 이리스 어고지 그림/ 을파소/2019)

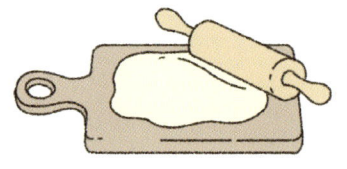

빵 반죽하기

요즘 나의 걱정을 달콤한 머랭 쿠키 안에 담아서 사르르 녹여볼까? (머랭쿠키 안에 고민을 적어보세요.)

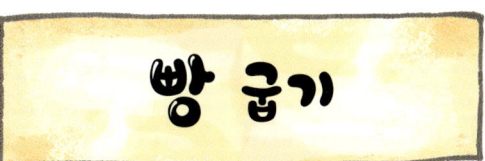

빵 굽기

🧤 나만의 걱정 인형 만들기! (나의 걱정을 들어줘요.)

아이스크림 막대로 만들어진 걱정인형!

나는 양말로 만들어진 걱정인형!

빵 나왔습니다.

스티커

그냥 자꾸만 화가 나요

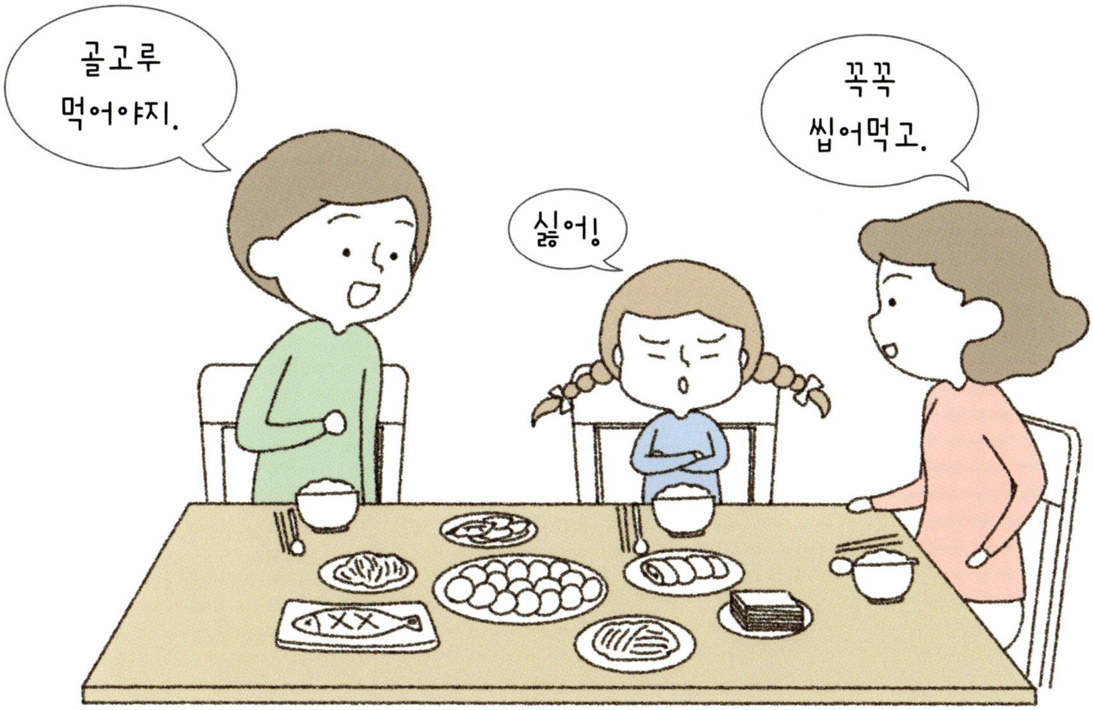

오늘의 빵

짜증 부리는 건 시러, 시러~ 움 가득 팬케이크

시러 팬케이크 레시피

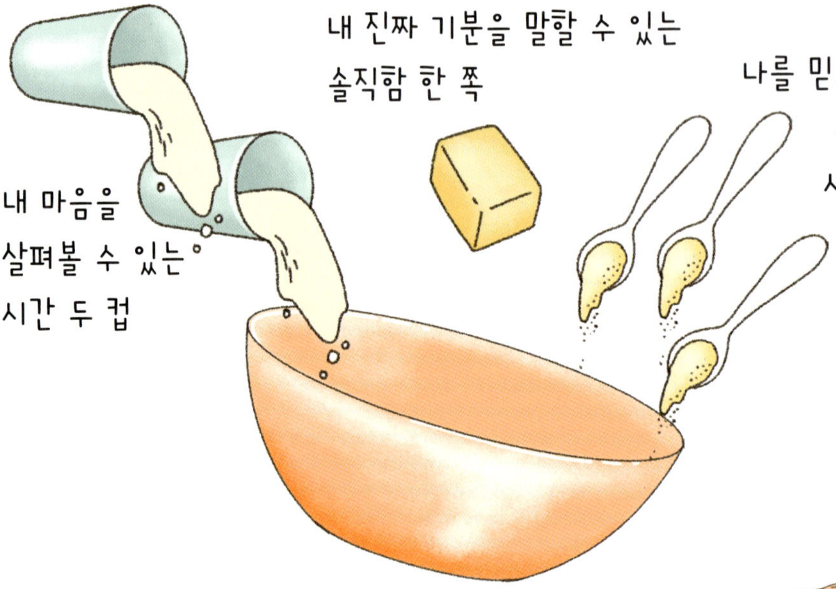

내 마음을 살펴볼 수 있는 시간 두 컵

내 진짜 기분을 말할 수 있는 솔직함 한 쪽

나를 믿고 바라보는 우리 가족의 사랑 세 스푼

➕ 나만의 비법 재료는?

_____

팬케이크가 구워지는 동안, '모두 다 싫어'를 읽어봐.
나의 진짜 속마음을 알 수 있을 거야.

모두 다 싫어
(나오미 다니스 글, 신타 아리바스 그림/후스갓마이테일/2019)

오늘은 내 생일인데, 모든 게 다 싫다.
다 가버려! 아니야, 다 가지마! 내가 싫다고
해도 내 곁에 있어줘. 이런 내 마음 알아줘.

#좋은 데 싫은 건 뭘까 #어쨌든 싫어 #내 마음
나도 몰라 #관심 받고 싶어 #사랑 받고 싶어
#_____

맛있는공유

🍭 화가 나거나 불쾌한 경우

🍭 아이의 마음을 다듬어주는 그림책

제빵사 추천

🥛 **흥칫뽕**
(수아현 글·그림/현암주니어/2018)

🥛 **기분을 말해봐**
(앤서니 브라운 글·그림/웅진주니어/2011)

🥛 **아홉 살 마음 사전**
(박성후 글, 김효은 그림/창비/2017)

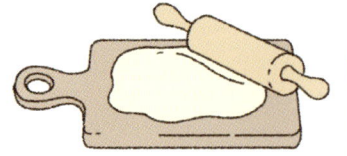

빵 반죽하기

🥣 내가 싫어하는 것을 말해봐.

_____ 는
진짜 싫어!

_____ 는
진짜 싫어!

_____ 는
진짜 싫어!

_____ 는
진짜 싫어!

빵 굽기

🧤 '싫어!'라는 말 대신 이렇게 말해 봐.
(도움말: 빈 칸에는 네가 직접 써봐.)

- 혼자 하기 힘들어요. 도와주세요.
- 속상했어요.
- 따뜻하게 안아주세요.
- 내 말 좀 들어주세요.
- 나 좀 봐주세요.

빵 나왔습니다.

스티커

친구들 앞에서 내 마음이 자꾸 작아져요

재잘 재잘

얘들아... 너희 어제 그거 봤어?

그렇게 유치한 걸 누가 봐?

그러게.

으음... 나는 그거 안 봐.

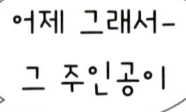
어제 그래서— 그 주인공이

난 그거 재미 없었는데....

하하하

하하하

움츠렸던 마음 피자, 피자빵

움츠렸던 피자빵 레시피

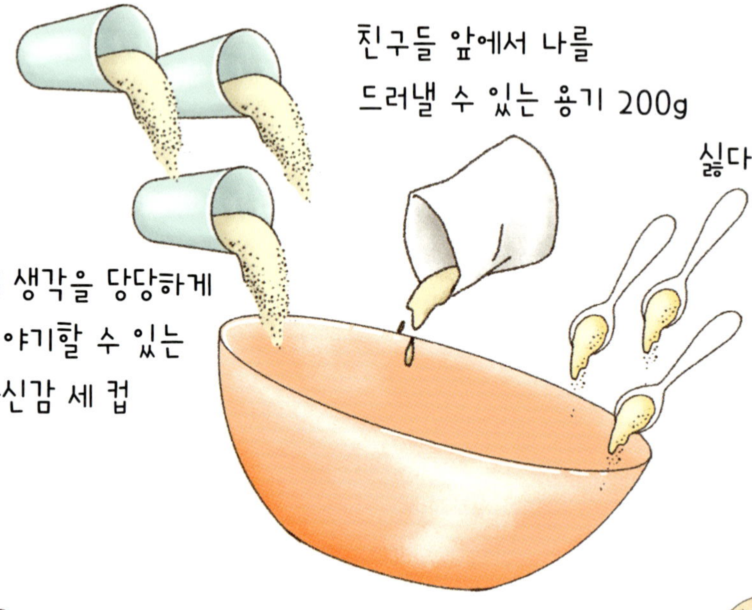

친구들 앞에서 나를 드러낼 수 있는 용기 200g

친구에게 싫다고 말할 수 있는 당당함 세 큰술

내 생각을 당당하게 이야기할 수 있는 자신감 세 컵

✚ 나만의 비법 재료는?

_____

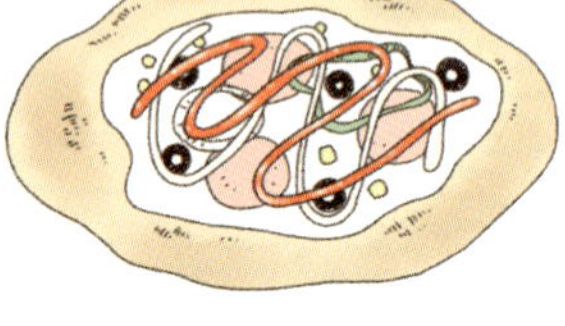

피자빵이 구워지는 동안 '마음이 보여'를 읽어봐.
친구들에게 내 마음을 어떻게 보여줘야 될지 알 수 있을거야.

마음이 보여
(가야마 리카 글, 마스다 미리 그림/너머학교/2017)

마음이 보여?

나는 마음을 보여주는 반창고. 마음의 상처도 보여주고, 마음의 상처를 낫게 하는 것도 보여준다. 반창고가 어떤 마음을 보여줄까?

#또 너냐 #마음의 상처 #인간 관계는 어른도 어려워 #너희가 고생이 많다 #_____

맛있는공유

🍭 마음의 눈

🍭 기다려주기

제빵사 추천

🥛 **내 마음은**
(코리나 루켄 글·그림/ 나는별/2019)

🥛 **마음이 아플까봐**
(올리버 제퍼스 글·그림/ 아름다운 사람들/2010)

🥛 **나의 마음 안아주기**
(쇼나 이니스 글·그림/ 을파소/2019)

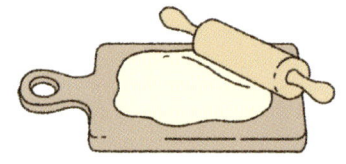

빵 반죽하기

🥣 내 마음은 언제 상처를 입었는지 생각해봐.

_____

_____ 때

_____

_____

_____ 때

_____

_____

_____ 때

_____

 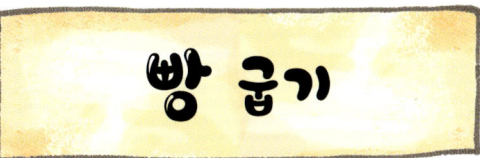

🧤 마음의 상처를 낫게 해주는 나만의 반창고를 만들어봐.
(도움말: 반창고 안에 마음을 다독여 줄 수 있는 말을 써봐.)

빵 나왔습니다.

스티커

왜 나만 갖고 그래....

내 마음이 새까맣게 타버렸어,
숯검댕이 오징어먹물빵

오징어먹물빵 레시피

- 답답한 마음을 뚫어주는 시원함 한 컵
- 다른 사람의 상황도 헤아리는 마음 두 쪽
- 자신의 속마음을 털어놓을 수 있는 솔직함 세 스푼

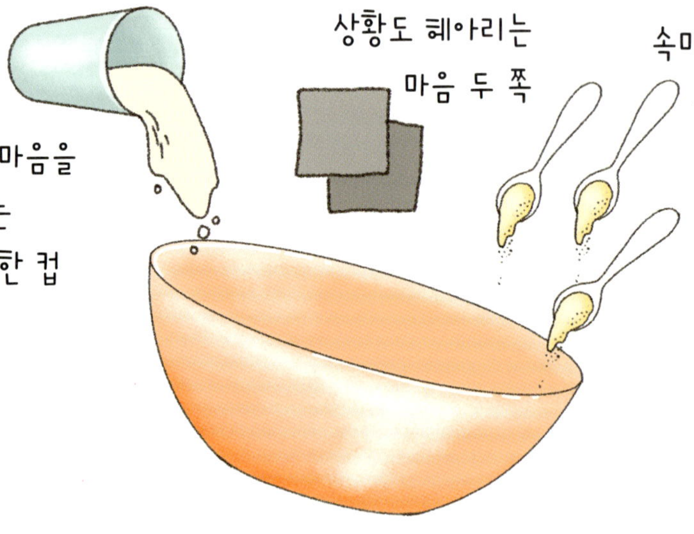

✚ 나만의 비법 재료는?

_____

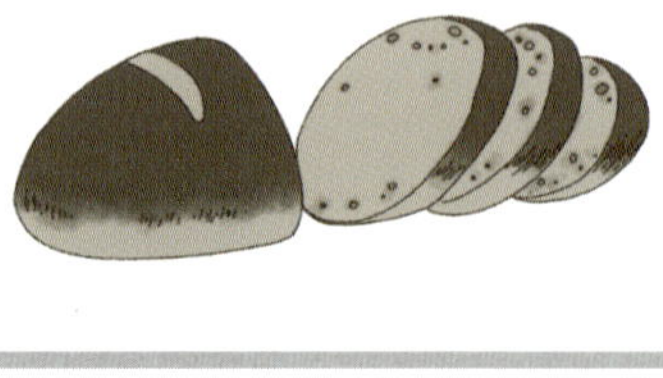

오징어먹물빵이 구워지는 동안 '잠이 오지 않는 밤'을 읽어봐. 억울하고 답답했던 마음을 푸는 방법을 알 수 있을 거야.

 **잠이 오지 않는 밤**
(홍그림 글·그림/ 창비 / 2018)

나를 속상하게 만든 친구를 찾아가 똑같이 속상하게 만들어 준다면 내 마음이 편안해질까? 억울한 마음으로 잠이 오지 않는 날, 재민이가 자신의 방을 찾아온 괴물들과 친구 웅이를 혼내주러 가는데….

#친구와 다툼 #밤에 찾아온 괴물 #고구마 백만 개 #복수할 거야 #당하고는 못살아
#＿＿＿＿＿＿

맛있는공유

 유라가 읽어주는 책

 홍그림 그림책

제빵사 추천

 눈물바다
(서현 글·그림/사계절/2009)

 소피가 속상하면, 너무너무 속상하면
(몰리뱅 글·그림/책읽는곰/2015)

 조랑말과 나
(홍그림 글·그림/이야기꽃/2016)

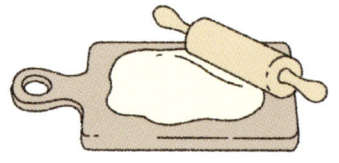# 빵 반죽하기

🥣 억울했던 적이 있니? 한번 써봐.

나 이때 진짜 억울했어요.

 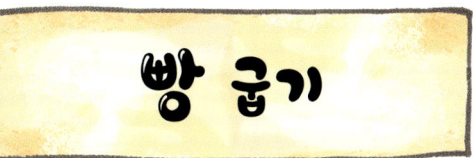

🧤 억울하고 속상한 마음을 풀 수 있는 너만의 방법이 있니?
(나만의 스트레스 해소법을 써 보자.)

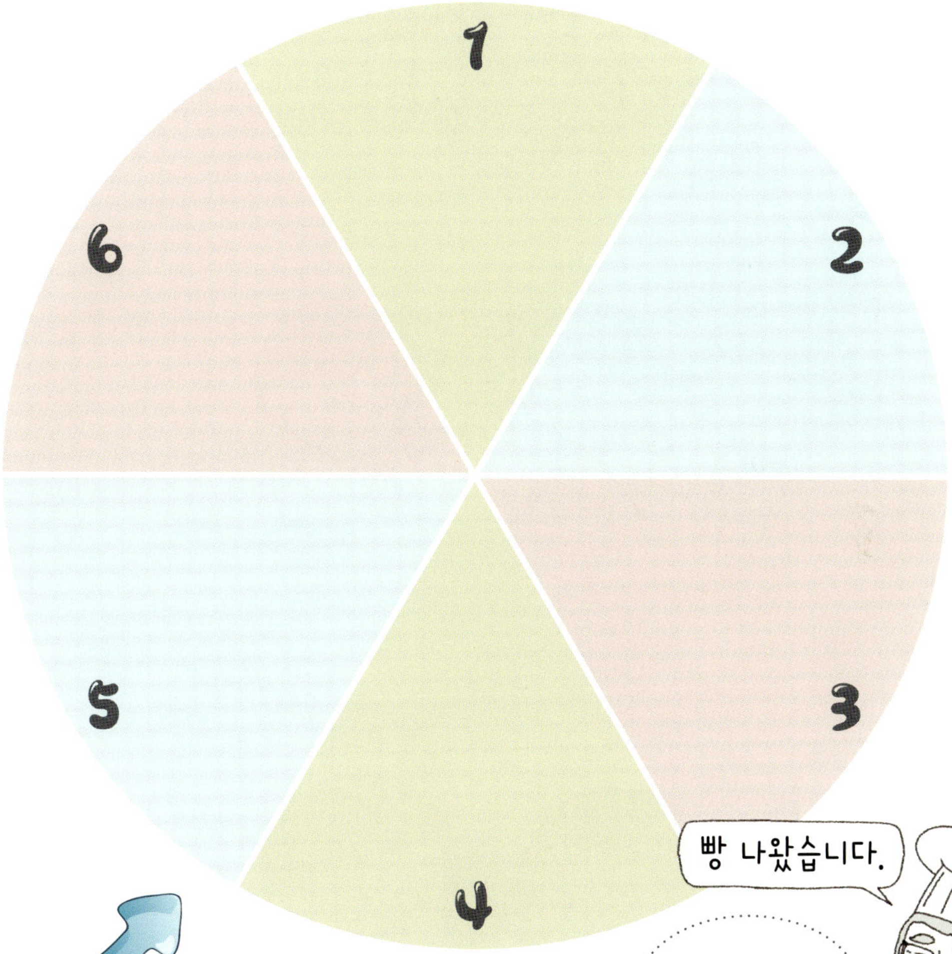

1
2
3
4
5
6

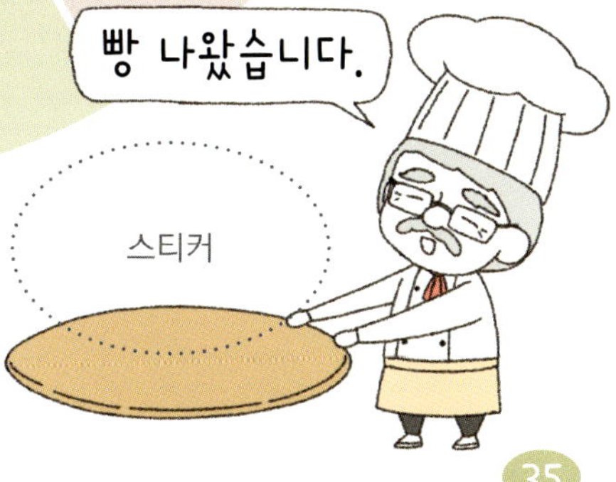

나의 선택은?
오늘은 (　　　)번!

빵 나왔습니다.

스티커

소문 때문에 친구와 멀어졌어요

○○이가 애들한테 너희 흉봤어.

아~ 진짜 ○○이 너무해.

이제 ○○이랑 놀지 말자.

거짓빵빵, 진실 텅텅
속지말자 공갈빵

빵빵텅텅 공갈빵 레시피

진실을 가려낼 수 있는 지혜 10g

친구들과 함께 상황을 헤쳐나가려는 의지 네 조각

서로에 대한 믿음 세 컵

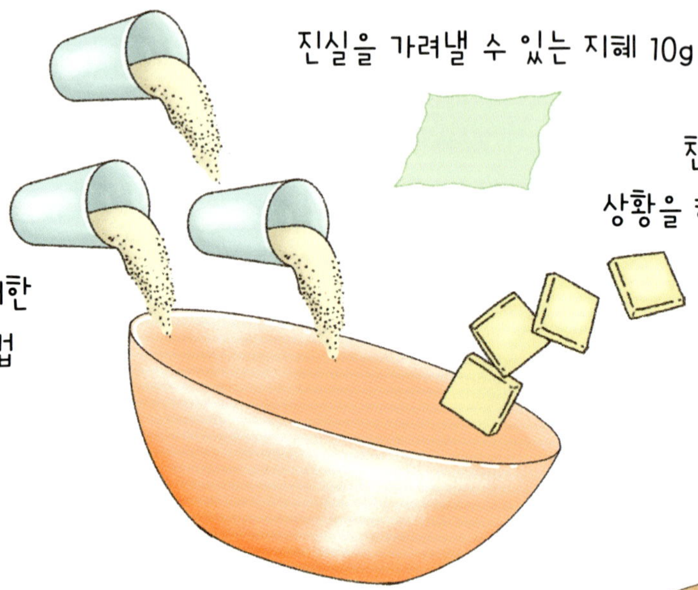

➕ 나만의 비법 재료는?

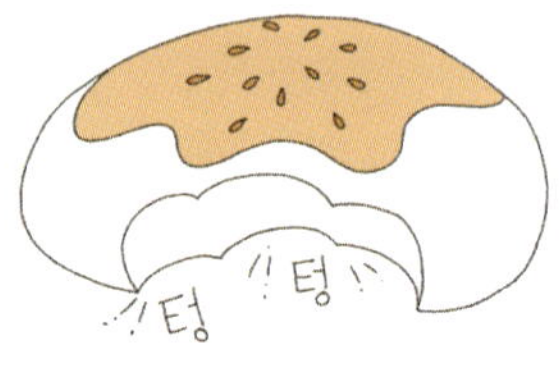

_____

공갈빵이 구워지는 동안 '감기 걸린 물고기'를 읽어봐.
그동안 소문에 흔들리던 자신을 되돌아보게 될 거야.

감기 걸린 물고기
(박정섭 글·그림/사계절출판사/2016)

아귀가 자꾸 소문을 내. "애들아, 빨간 물고기가 감기에 걸렸대." 물고기가 감기라니? 하지만 소문은 조금씩 물고기들 사이를 파고들고, 물고기들은 서로를 의심하는데….

#소문내는 물고기 #그거 들었어? #정말일까? #감기에 걸리면… #_____

맛있는공유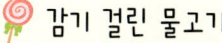

🍭 감기 걸린 물고기

🍭 비밀이야 책

제빵사 추천

🥛 **그 소문 들었어?**
(하야시 기린 글, 쇼노 나오코 그림/천개의바람/2017)

🥛 **팬티 입은 늑대**
(윌프리드 루파노, 마야나 이토 이즈 글, 폴 코에 그림/ 키위북스/2018)

🥛 **소문 바이러스**
(최형미 글, 이갑규 그림/ 킨더랜드/2017)

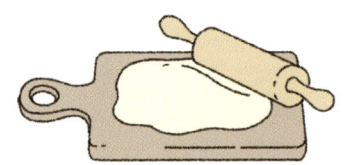

빵 반죽하기

🥣 아귀가 뭐라고 하며 물고기가 감기에 걸렸다고 했는지 선으로 이어 봐.

빨간 물고기 • • 콧물

노란 물고기 • • 열

파란 물고기 • • 으슬거림

 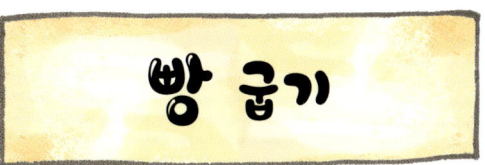

🧤 내가 물고기였다면 다른 물고기가 감기에 걸렸다는 아귀의 말에 뭐라고 대답했을까?

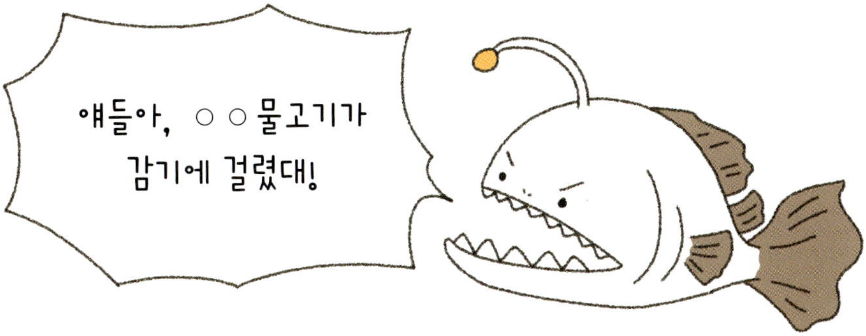

얘들아, ○○물고기가 감기에 걸렸대!

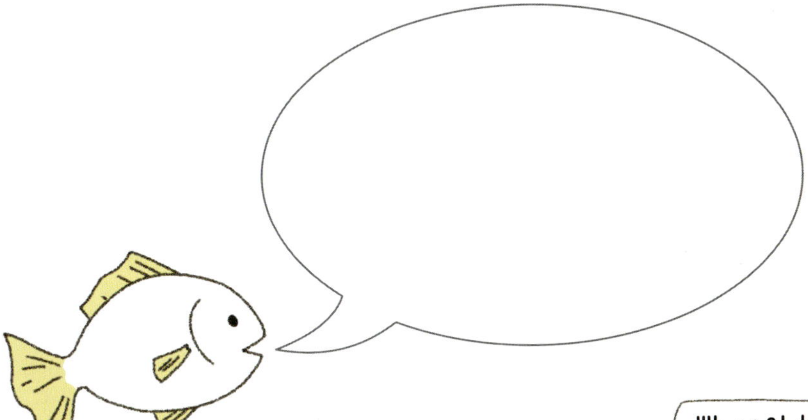

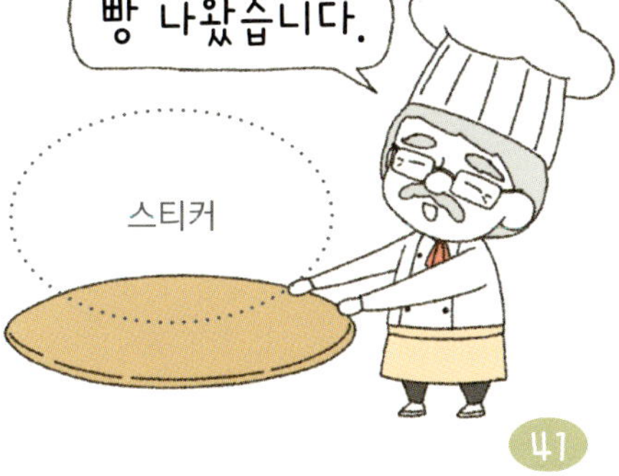

빵 나왔습니다.

스티커

나도 예뻐지고 싶어요

오늘의 빵

내가 어때서?!
내 모습에 반하나 바나나빵

반하나 바나나빵 레시피

나에 대한 사랑 한 컵

겉이 아닌 속을 볼 수 있는 지혜 100g

다른 사람의 시선에 주눅 들지 않는 당당함 세 스푼

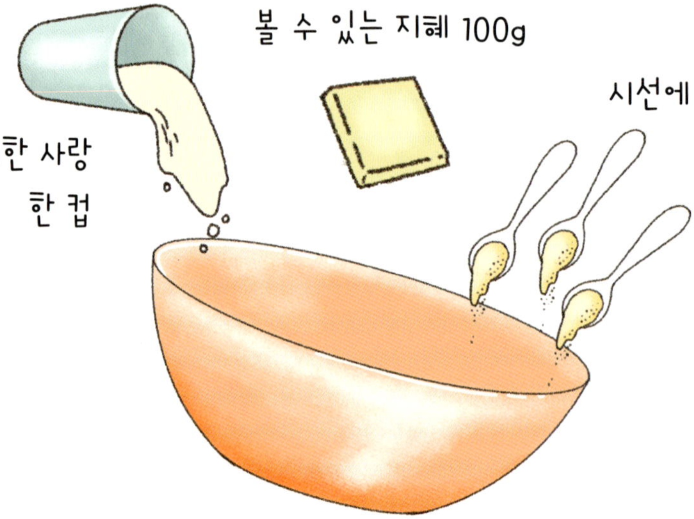

➕ 나만의 비법 재료는?

_____

바나나빵이 구워지는 동안 '괜찮아 아저씨'를 읽어 봐. 외모가 다가 아니라는 사실을 알게 될 거야.

괜찮아 아저씨
(김경희 글·그림/비룡소/2017)

머리카락이 열 가닥밖에 없지만 나는 언제나 유쾌하지. 어느새 하나씩 빠지는 머리카락. 남들은 어떨지 모르지만, 나는 말하지. 오, 괜찮은데?

#다 괜찮아 #긍정의 힘 #유쾌상쾌통쾌 #지금 이대로가 제일 멋져 #자신감 뿜뿜
#_____

맛있는공유

🍭 괜찮아 아저씨

🍭 루빈스타인은 참 예뻐요

제빵사 추천

🥛 **루빈스타인은 참 예뻐요**
(펩 모세라트 글·그림/ 북극곰/2014)

🥛 **사자는 왜 미용실에 갔을까**
(크리스틴 로시프테 글·그림/ 푸른숲 주니어/2015)

🥛 **멋쟁이 분홍돼지**
(안영현 글, 이은주 그림/ 참글어린이/2019)

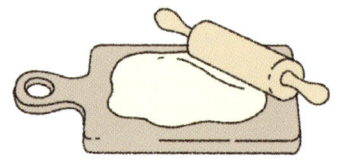

빵 반죽하기

🥣 나와 우리 가족의 외모 중 닮은 점을 찾아봐.

나는

_____ 와(과)

_____ 이(가)

닮았어요

나는

_____ 와(과)

_____ 이(가)

닮았어요

나는 우리 가족과
닮은 점이 있어서 참 좋아~

빵 굽기

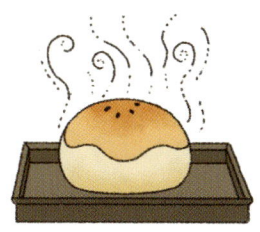

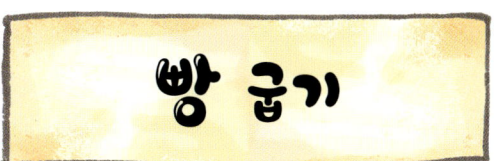

거울 안에 나의 모습을 그려 보고 크게 외쳐봐.

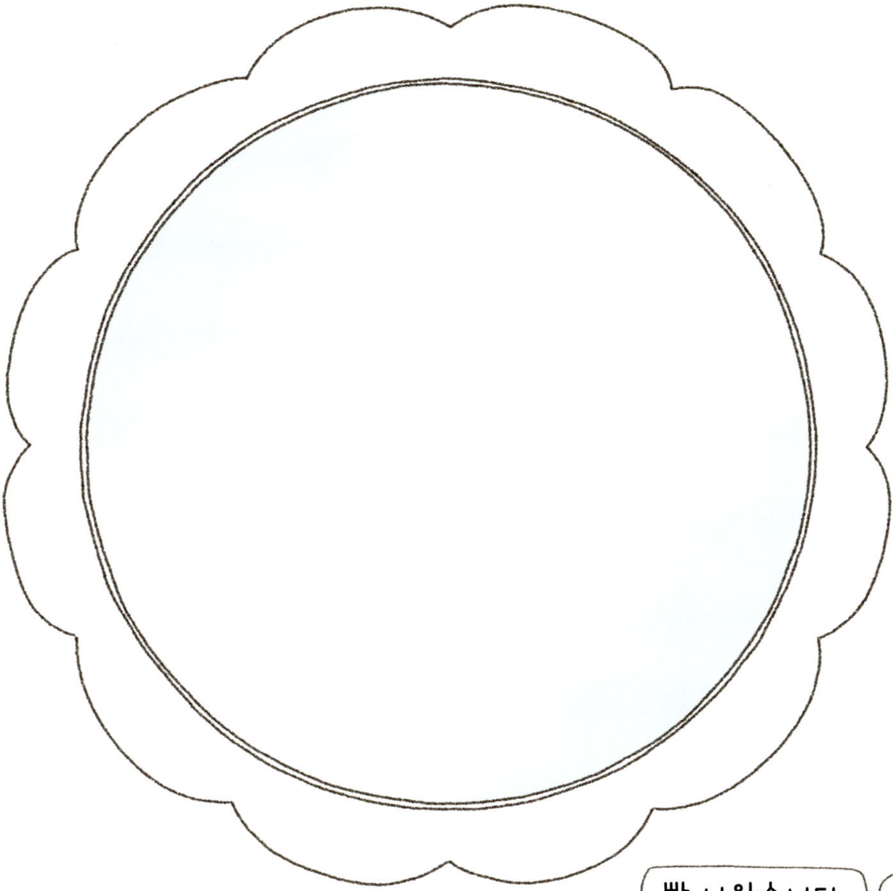

"오, 괜찮은데?"

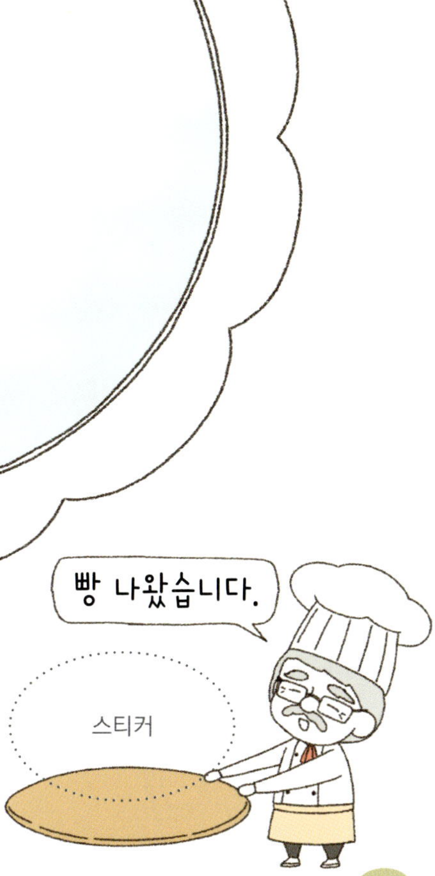

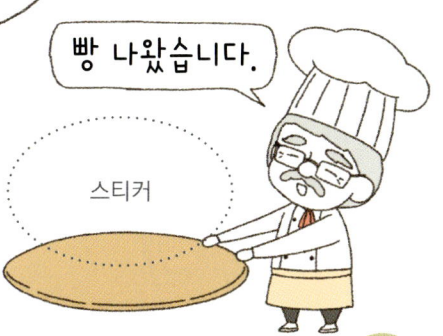

우리 할머니는 어디로 가셨을까요?

오늘의 빵

하늘에서 저 별이 떨어지네, 별소금 콕콕 프레즐

별소금 프레즐 레시피

이별한 사람들에 대한 그리움 세 스푼

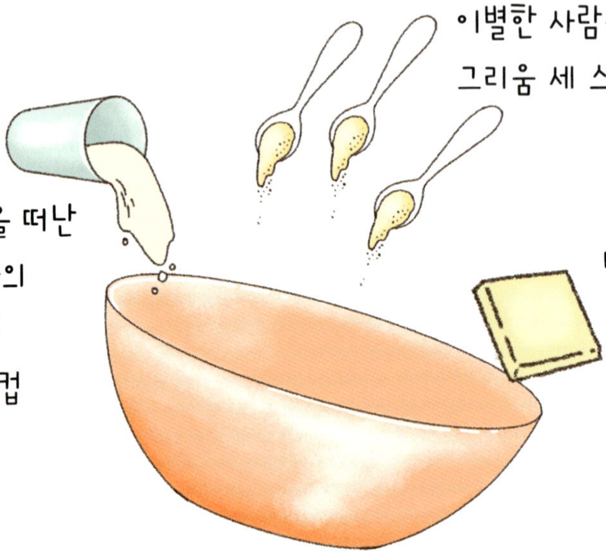

먼 여행을 떠난 사람들과의 행복했던 추억 두 컵

꿈 속에서라도 다시 보고 싶은 마음 한 조각

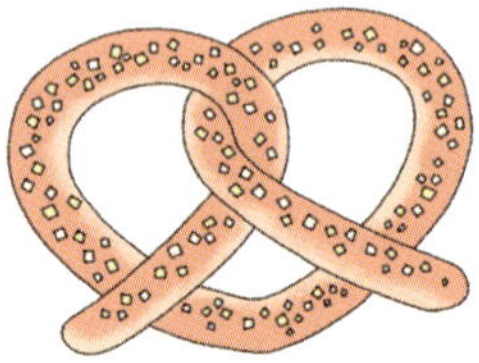

✚ 나만의 비법 재료는?

_____

프레즐이 구워지는 동안 '여행 가는 날'을 읽어봐.
먼 여행을 떠나 이별한 사람에 대한 소중한 추억이 떠오를거야.

여행가는 날
(서영 글·그림/위즈덤 하우스/2018)

어느날 밤 늦은 시각, 우리 할아버지 집에 손님이 찾아왔대. 이제 먼 여행을 떠나야 하는 할아버지는 장롱 밑 동전도 꺼내고, 달걀도 삶고, 짐을 꾸리기 시작해.

#할아버지를 찾은 손님 #할아버지의 여행 준비 #여행에는 삶은 달걀 #바람막이 옷 #목욕 #바둑의 신 #그리운 사람을 만나러 가는 길 #_____

맛있는공유

🍭 소중한 것을 잃어버린 적이 있나요

🍭 나는 죽음이에요

제빵사 추천

🥛 할아버지와 순돌이는 닮았어요.
(김준영 글·그림/길벗어린이/2019)

🥛 할머니 어디 있어요?
(안은영 글·그림/천개의 바람/2019)

🥛 할아버지 어디로 갔어요?
(스텔라 마카일리두 글·그림/터치아트/2018)

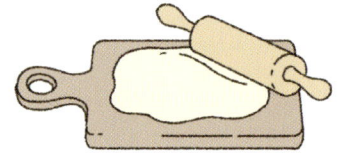

빵 반죽하기

🥣 긴 여행을 떠날 때 챙겨가고 싶은 여행 준비물을 그려봐.
(도움말 · 어떤 것이 필요할까? 나에게 소중한 걸 떠올려봐.)

여행 준비물

빵 굽기

🧤 네 주변에 먼 여행을 떠난 가족이 있니? (반려동물도 좋아.)
먼 여행을 떠난 사람이 있다면 편지를 써봐.

빵 나왔습니다.

스티커

마음을 채우는 빵

8번째 손님의 고민: 저는 잘하는 게 하나도 없는 것 같아요

난 잘하는 게 없어.

친구들은 잘하는 게 다 있는데 저만 잘하는 게 없어요. 제 고민을 해결할 빵을 구워주세요.

자신감이 부풀어 오르는 매력 뿜뿜 효모빵

매력 뿜뿜 효모빵 레시피

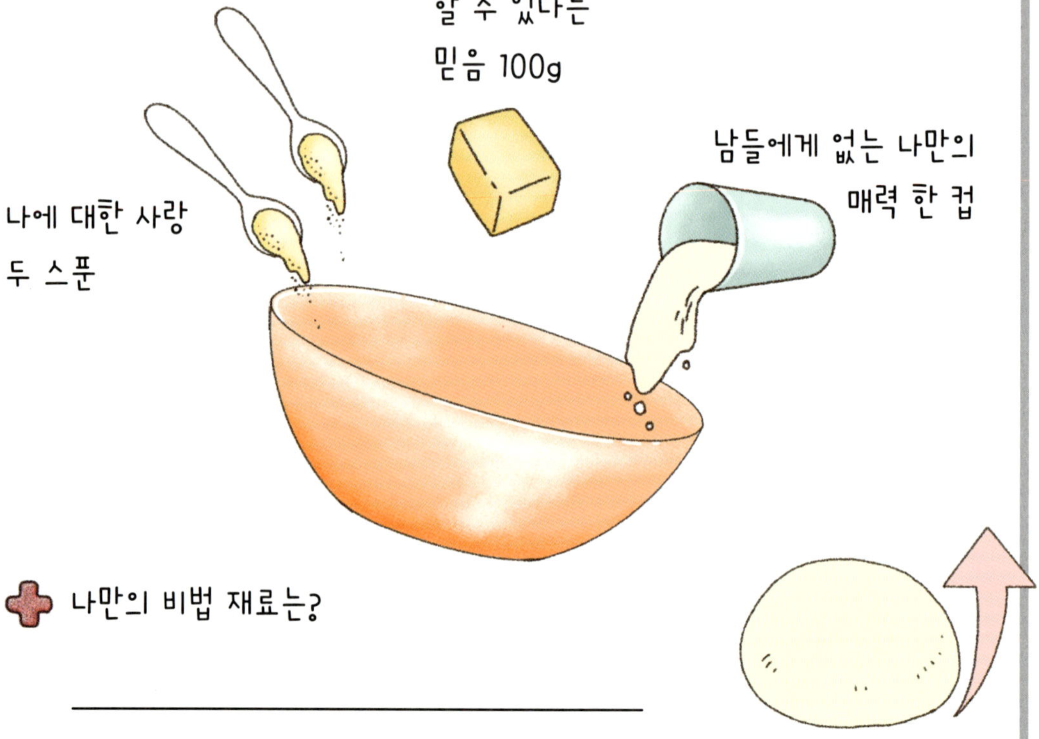

할 수 있다는 믿음 100g

나에 대한 사랑 두 스푼

남들에게 없는 나만의 매력 한 컵

✚ 나만의 비법 재료는?

_____

효모빵이 구워지는 동안 '먹구름 청소부'를 읽어 봐.
누구에게나 잘하는 게 있다는 걸 알게 될거야.

 **먹구름 청소부**
(최은영 글·그림/노란상상/2017)

아이들 마음 속 먹구름을 시원하게 청소하는 먹구름 청소부. 마음 속에 시커먼 먹구름을 가진 수호를 만났어. 수호는 어떤 걱정들로 먹구름이 생겼을까?

#내 마음의 날씨는 흐림 #걱정 부자 #먹구름 청소 대작전 #나에게도 청소가 필요해 #우리 꽃길만 걷자 #_____

맛있는공유

🍭 코끼리 미용실

🍭 기린은 너무해

제빵사 추천

🥛 **코끼리 미용실**
(최민지 글·그림/노란상상/2019)

🥛 **괜찮아**
(이세벨라 팔리아 글, 프란체스카 카발라로 그림/산하/2016)

🥛 **언제나 빛나는 별처럼**
(진 윌리스 글, 브라이오니 메이 스미스 그림/사파리/2019)

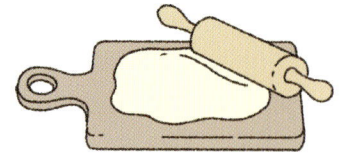

빵 반죽하기

🥣 내가 생각하는 나의 장점을 적어봐.

빵 굽기

🧤 내가 듣고 싶은 말을 골라봐. (격려 카드)

항상 노력하는 네가 자랑스러워!	당신은 정말 소중한 사람이에요.	너의 배려가 그리워요.
당신은 행복한 사람이에요.	포기하지 않고 최선을 다하는 모습이 멋져!	네가 있어 행복해.
괜찮아, 더 잘할 수 있을 거야.	항상 당신을 응원해요.	

스티커

빵 나왔습니다.

할머니는 '그냥 할머니'인 줄 알았어요

할머니의 사랑을 통째로 담은 통단팥빵

통단팥빵 레시피

- 할머니의 어린 시절에 대한 궁금함 두 컵
- 할머니의 추억 사진 한 장
- 내 이름을 부르는 할머니의 목소리 한 접시

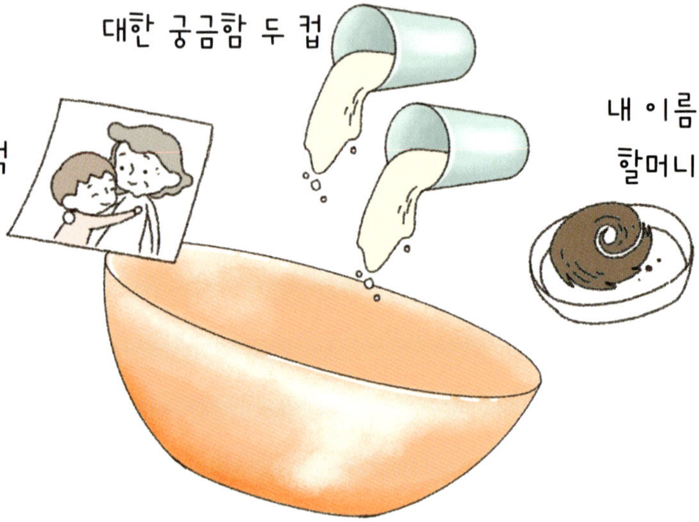

➕ 나만의 비법 재료는?

_____

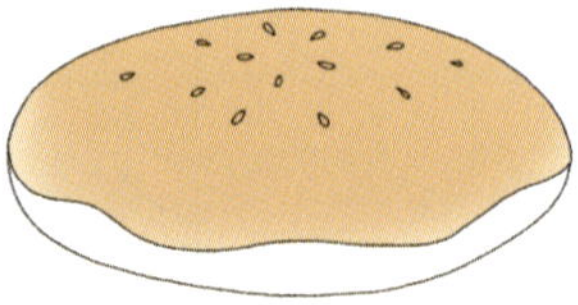

단팥빵이 구워지는 동안 '우리 할머니 김복자'를 읽어봐. 할머니와 더 가까워질 수 있을 거야.

우리 할머니 김복자
(서미경 글·그림/봄의정원/2018)

엄마가 바빠서 할머니 집에 가게 된 단이. 하지만 단이는 할머니 집이 심심해서 싫다. 심술난 단이는 축구공을 뻥 차 버리는데… 그런데 이상해. 책장으로 날아간 축구공이 보이지 않아!

#엄마가 바쁘면 #할머니 집은 심심해 #복자, 복자 누나, 복자이모 #할머니 돈까스
#_____

맛있는공유

🍭 할머니 어디 있어요

🍭 잠자는 할머니

제빵사 추천

🥛 할머니와 걷는 길
(박보람 글, 윤정미 그림/ 노란상상/ 2018)

🥛 할머니 엄마
(이지은 글·그림/웅진주니어/ 2016)

🥛 할머니가 태어날때부터 할머니였던 건 아니예요.
(야프로빈 글, 메이럴 아이케르만 그림/고래뱃속/2015)

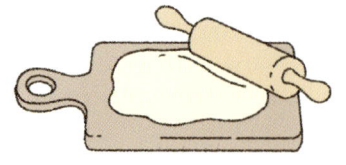

빵 반죽하기

 우리 할머니를 소개해봐.

(Tip: 할머니 대신 할아버지를 소개해도 돼.)

우리 할머니

빵 굽기

🧤 할머니를 위한 쿠폰을 만들어봐.

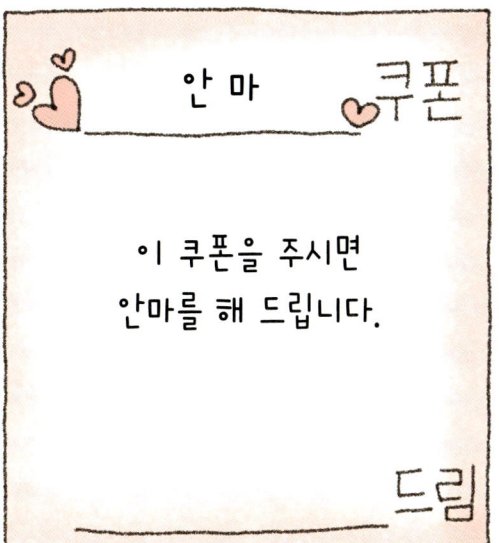

안 마 쿠폰

이 쿠폰을 주시면
안마를 해 드립니다.

드림

쿠폰

드림

쿠폰

드림

빵 나왔습니다.

스티커

10번째 손님의 고민

학원 가기 싫어요

오늘의 빵

학원 가기 싫어
몸이 배배 꼬이네, 꽈배기

배배 꽈배기 레시피

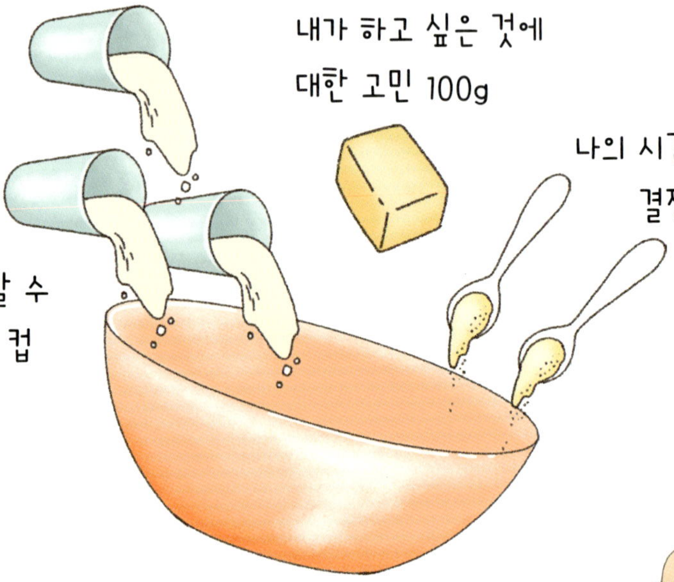

내가 하고 싶은 것에 대한 고민 100g

나의 시간을 스스로 결정하는 자세 두 스푼

부모님께 솔직하게 말할 수 있는 용기 세 컵

➕ 나만의 비법 재료는?

_____

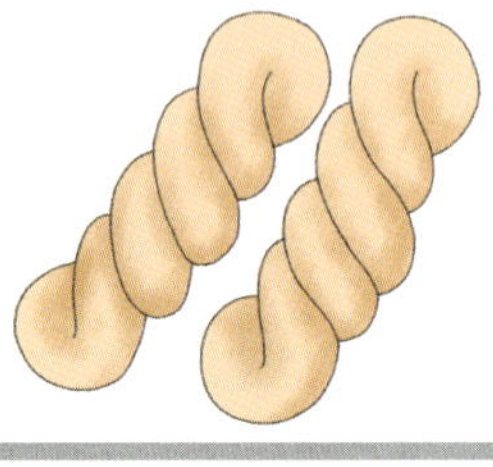

꽈배기를 기다리는 동안 '한밤중에 강남귀신'을 읽어봐. 학원 가기 싫어서 배배 꼬인 마음을 풀어낼 수 있을 거야.

한밤중에 강남귀신
(김지연 글·그림/모래알/2018)

어느 순간부터 눈이 퀭하고 시무룩한 인간들이 밤거리를 배회하고 다닌다. 잠 좀 자라, 인간들아! 너희들이 잠을 자야, 우리 귀신들이 놀 수 있다고!

#귀신 이야기 #엄마 오늘 학원 가기 싫어 #늦게 자면 귀신이 잡아간다는 말 딱 맞아 #귀신은 뭐하나 학원 차 안 잡아가고 #_____

맛있는공유

🍭 엄마와 나

🍭 우리 가족의 비밀

제빵사 추천

🥛 **돼지꿈**
(김선미 글·그림/북극곰/2017)

🥛 **엄마 쉬고 싶어요**
(이상배 글, 김문주 그림/좋은꿈/2017)

🥛 **행복한 가방**
(김정민 글·그림/북극곰/2018)

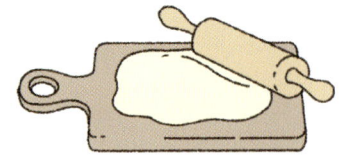

빵 반죽하기

🥣 나만의 완벽한 하루를 만들어봐.

(Tip: 학원이나 학교 신경쓰지 말고 나만의 하루를 만들어봐.)

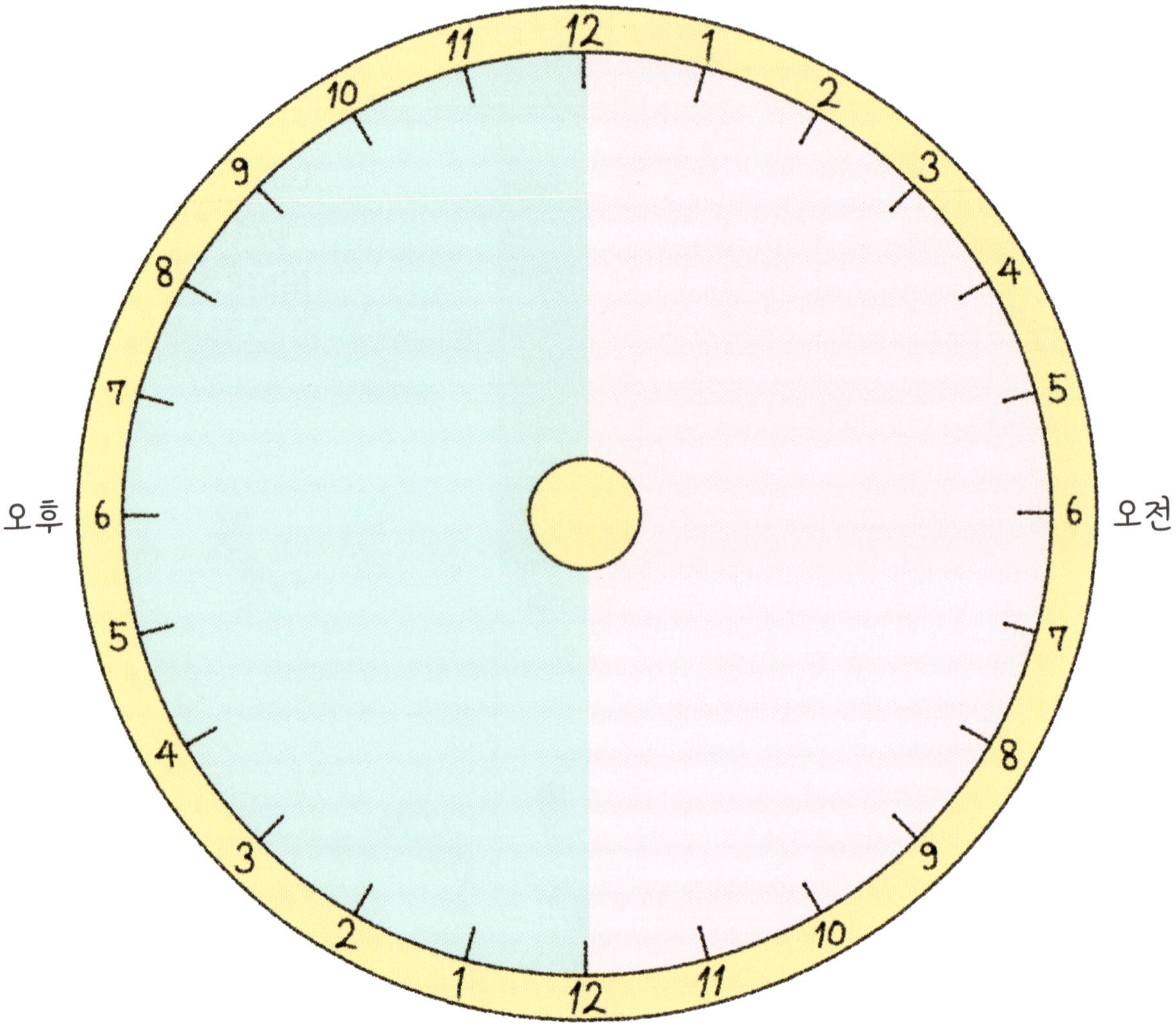

오후　　　　　　　　　　　　　　　오전

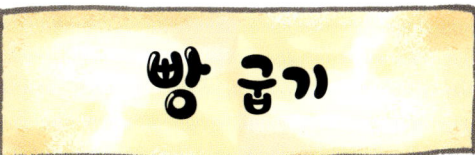

🧤 나만의 재미있는 학원을 만들어봐.

[ ] 학 원

우리학원으로 오세요!

_____ 할 수 있어요.

빵 나왔습니다.

스티커

11번째 손님의 고민

나도 모르게 미운 말이 튀어 나와요

짜증나, 더워.

짜증나, 배고파.

짜증나, 지겨워.

 **오늘의 빵**

말 그렇게 하지 마요, 마요 듬뿍 샐러드빵

마요 듬뿍 샐러드빵 레시피

다른 사람을 배려하며 말하는 예절 한 조각

나의 언어 습관에 대한 반성 두 스푼

고운 말을 사용하려는 노력 한 컵

➕ 나만의 비법 재료는?

_____

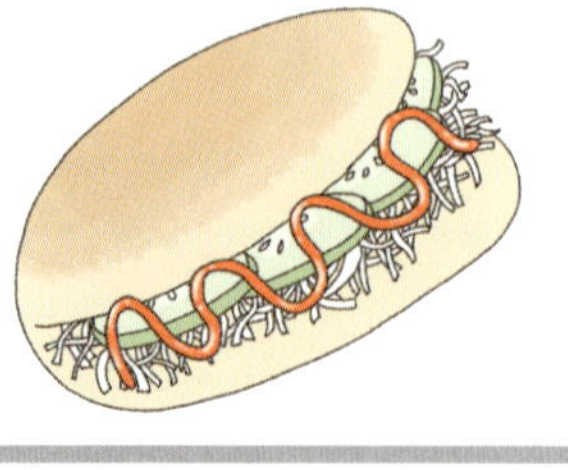

샐러드빵이 만들어지는 동안 '나쁜 말 먹는 괴물'을 읽어 봐.
나도 모르게 썼던 말들에 대해 다시 한번 생각하게 될 거야.

나쁜 말 먹는 괴물
(카시 르코크 글, 상드라 소미네 그림/크린북/2016)

얼마 전부터 내 그림자 속에 숨어서 누가 나를 따라 다녀. 사람들은 녀석을 나쁜 말을 먹고 사는 괴물이라고 해. 내가 나쁜 말을 내뱉을 때마다 괴물은 몸집이 커져. 어쩌지?

#괴물의 다른 이름, 마슈말모 #괴물의 먹이는 나쁜 말 #괴물 말고 친구랑 놀고 싶어 #괴물을 떠나보내는 법 #입에 달라붙은 나쁜 말
#_____

맛있는 공유

 욕전쟁

 오늘 무슨 씨를 심었을까

제빵사 추천

 친구가 욕을 해요
(나탈리 다르장 글, 야니크 토메 그림/라임/2017)

 말들이 사는 나라
(윤여정 글, 최미란 그림/ 스콜라/2019)

 으악! 말씀귀가 나타났어요
(유시나 글, 심보영 그림/ 쉼어린이/2016)

빵 반죽하기

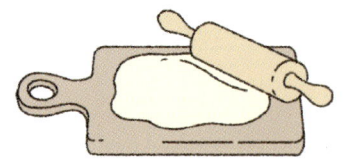

🥣 내가 듣고 싶은 말을 골라서 하트 모양 안에 채워봐.

〈보기〉

같이 하자 / 걱정마! 잘 될거야 / 괜찮아 /
다음에 더 잘하면 돼 / 항상 널 응원해 /
힘내 / 넌 소중한 사람이야 / 누구나 실수해 /
넌 최고야 / 멋져 / 고마워 / 너 덕분이야

빵 굽기

🖐 가족 앞에서 큰 소리로 다짐해봐.

나 _____는

화가 나거나 속상할 때,

소리를 지르거나 나쁜 말을 하지 않고

내 마음의 소리를 잘 듣고

차근차근 이야기 하겠습니다.

20   년   월   일

빵 나왔습니다.

스티커

거짓말이 꼬리를 물어요

진실은 언제나 맞쥬?
진심 품은 황금만쥬

황금만쥬 레시피

진실을 털어놓을 수 있는 용기 두 스푼

나의 잘못을 인정하는 태도 100g

다시는 거짓말 하지 않겠다는 다짐 세 컵

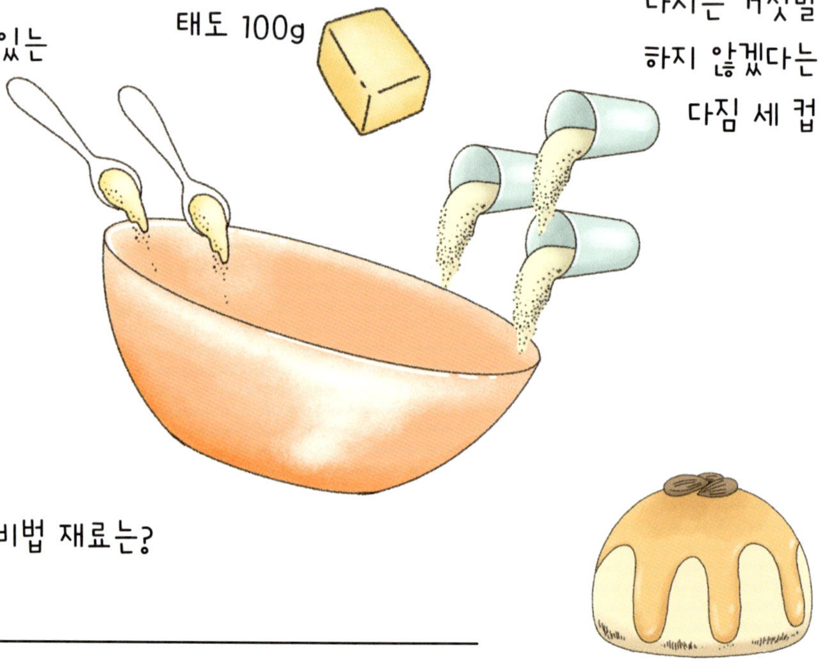

➕ 나만의 비법 재료는?

_____

황금만쥬가 만들어지는 동안 '거짓말 손수건, 포포피포'를 읽어봐. 나도 모르게 꼬리를 무는 거짓말에서 벗어나는 방법을 알게 될 거야.

# 거짓말 손수건, 포포피포
(디디에 레비 글, 장 바티스트 부르주아 그림/이마주/2017)

거실 한 가운데서 축구 묘기를 부리다 엄마가 아끼는 도자기를 깨트린 클로비. 클로비는 엄마에게 야단 맞은 게 두려워 손수건으로 깨진 조각들을 감춰버리는데…

#깨진 도자기 조각은 어디로 갔을까 #자꾸 커지는 손수건 #엄마는 네가 한 일을 알고 있다 #엄마가 모를 것 같니 #완벽한 거짓말은 없다
#_____

맛있는공유

🍭 진짜 거짓말

🍭 무무의 거짓말

제빵사 추천

🥛 **거짓말 괴물**
(레베카 애쉬다운 글·그림/키즈엠/2017)

🥛 **입에 딱 달라붙은 거짓말**
(엘리센다 로카 글·그림/노란상상/2016)

🥛 **거짓말인지 아무도 모를거야**
(노지영 글, 이희영 그림/아르볼/2014)

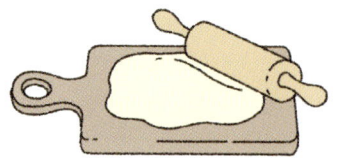

빵 반죽하기

🥣 거짓말했던 경험을 생각해봐.

누구에게

어떤 거짓말을 했니

언제

거짓말했을 때 나의 기분

빵 굽기

🧤 거짓말했던 경험을 용기내서 이야기해봐.

_____ 에게

빵 나왔습니다.

스티커

정리하는 게 너무 귀찮아요

깨끗한 방이 부러우니? 너도 할 수 있어 브라우니

브라우니 레시피

- 내 방을 쾌적하게 만드는 깨끗함 세 컵
- 스스로 정리했다는 뿌듯함 100g
- 부모님께서 말씀하시기 전에 먼저 정리하는 부지런함 두 스푼

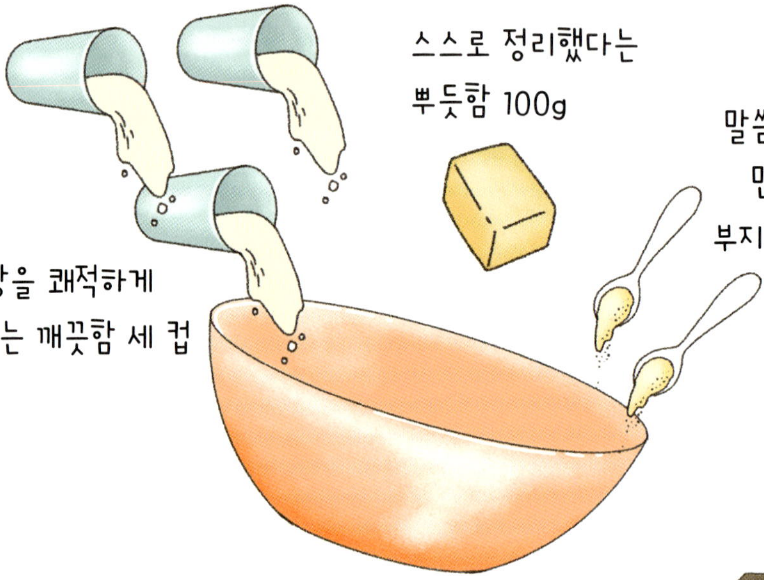

✚ 나만의 비법 재료는?

_____

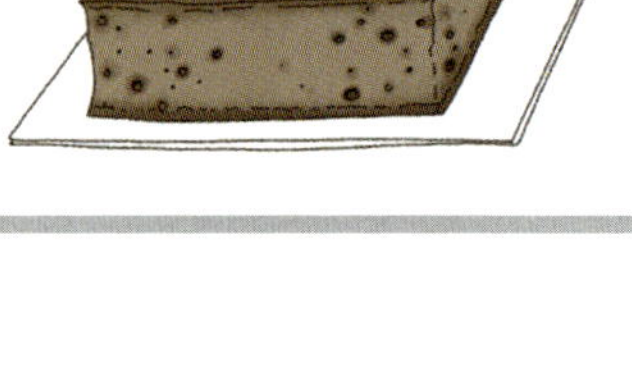

브라우니가 구워지는 동안 '청소의 발견'을 읽어봐.
정리정돈을 해야하는 이유를 알게 될 거야.

청소의 발견
(박규빈 글·그림/다림/2019)

청소는 싫어. 청소하라는 잔소리도 싫어! 청소가 없어져 버렸으면 좋겠다고 생각하자마자 정말 세상에서 청소가 사라져버렸어. 그랬더니…

#잔소리 싫어 #청소를 왜 해 #어차피 어지를 건데 #청소가 사라진다면 #오늘은 대청소다 #청소의 재발견 #나는 미래의 청소왕 #나와라 만능팔 #_____

맛있는공유

 교실청소 꿀팁

 교실청소 방법

제빵사 추천

 왜 내가 치워야 돼
(정하영 글·그림/책속물고기 2014)

 구름빵-뒤죽박죽 방 치우기
(백희나 글·그림/한솔수북/ 2011)

 정리 대장 꿀돼지
(에이미 크루즈 로젠탈 글, 젠 코레이스 그림/푸른숲/ 2014)

빵 반죽하기

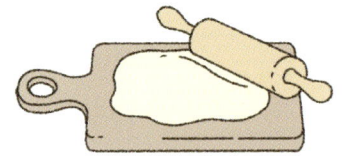

🥣 정리정돈은 어떻게 하는 게 좋을까? 알맞은 방법을 찾아서 색칠해봐.

- 잠자기 전에 방을 정리해요.
- 내가 좋아하는 물건들만 정리해요.
- 새로운 장난감을 꺼내기 전에 가지고 놀던 장난감을 제자리에 넣어요.
- 안 보이는 곳에 한꺼번에 뭉쳐놓아요.
- 원래 있던 자리에 놓아요.
- 내가 놓고 싶은 자리에 물건들을 놓아요.

 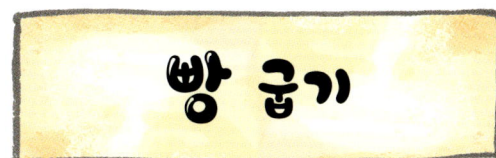

🖐 내 방을 깨끗하게 정리하기 위해서 스스로 할 수 있는 일에 V표를 해봐.

○ 방에서 먹은 음식그릇 주방으로 가지고 나오기

○ 책상 위 어질러진 물건 제자리에 정돈하기

○ 내 방 쓰레기통 스스로 비우기

○

도움말: 또 뭐가 있을까?

자꾸 스마트폰이 하고 싶어요

멈출 수 없는 스마트폰, 손이 가요 손이 가 핑거스틱

핑거스틱 레시피

필요한 때에만 스마트폰을 사용하겠다는 약속 50g

스마트폰을 사용하지 않으려는 의지 세 스푼

스마트폰보다 더 재미있는 것을 찾으려는 마음 한 컵

➕ 나만의 비법 재료는?

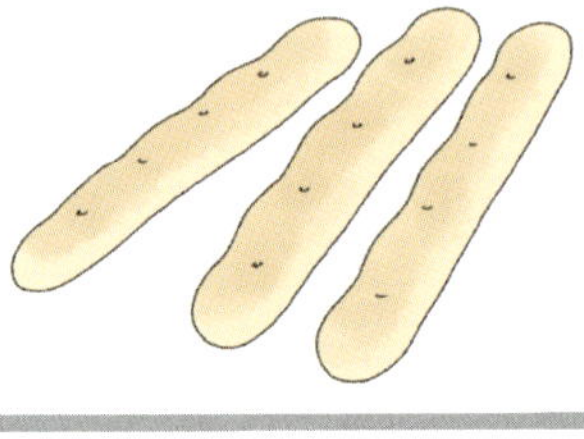

_____

핑거스틱이 구워지는 동안, '돌려줘요, 스마트폰'을 읽어봐. 세상에는 스마트폰 보다 더 재미있는 게 많다는 것을 알게 될거야.

돌려줘요, 스마트폰
(최명숙 글·그림/고래뱃속/2017)

드디어 나도 스마트폰이 생겼다! 신나고 짜릿한 스마트폰의 세계! 어? 산타 할아버지! 선물을 줬다 뺏는게 어딨어요? 돌려주세요~ 제발!!

#현대인이라면 스마트폰 #하지만 거북목은 무서워 #내 손 안의 세상 #엄마 아빠도 만날 스마트폰만 해 #그래도 최신 스마트폰은 갖고 싶어 #_____

맛있는공유

🍭 꼭꼭 약속해요

🍭 유아 스마트폰 과의존 예방교육

제빵사 추천

🥛 책이 스마트폰보다 좋을 수 밖에 없는 12가지 이유
(노은주 글·그림/단비어린이/2019)

🥛 스마트폰 없으면 어때
(이민경 글, 배현주 그림/소담주니어/2014)

🥛 내 친구 스마트폰
(최정현 글, 대성 그림/꿈터/2013)

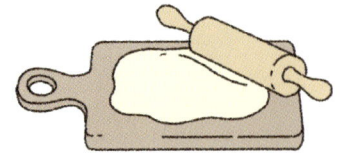

빵 반죽하기

🥣 어른들은 왜 스마트폰을 못하게 하는지 생각해봐.

1.

2.

3.

빵 굽기

🧤 스마트폰보다 재미있는 걸 찾아봐.(단, 컴퓨터, TV, 게임 빼고!)

마음을 나누는 빵

15 번째 손님의 고민

저도 다른 사람을 도와주고 싶어요

저런 기부도 있구나. 나는 노래를 못하는데....

오늘의 빵

세상의 어둠을 밝히는 달콤함, 화이트 초콜릿

화이트 초콜릿 레시피

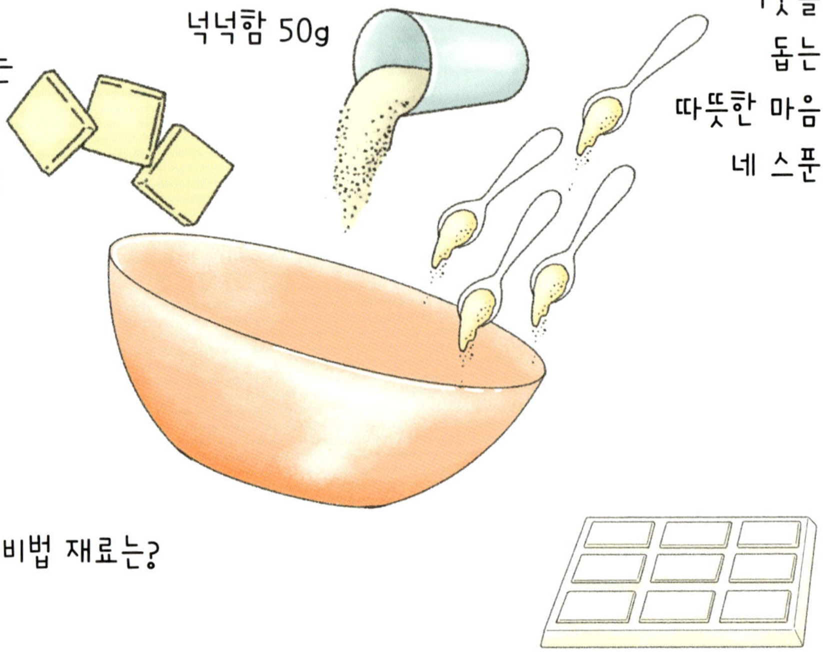

어려움을 겪는 이웃에 대한 관심 세 조각

내 것을 나눌 수 있는 넉넉함 50g

이웃을 돕는 따뜻한 마음 네 스푼

➕ 나만의 비법 재료는?

_____

화이트 초콜릿이 굳는 동안 '뭔가 특별한 아저씨'를 읽어봐. 다른 사람을 위해 내 것을 나누는 일이 어렵지 않다는 걸 알게 될거야.

뭔가 특별한 아저씨
(진수경 글, 그림/천개의 바람/2018)

평범한 얼굴, 평범한 키, 평범한 옷을 입고 평범한 구두를 신은 다정아저씨. 그런 다정아저씨에게 특별한 점이 있다는데...

#난 평범해 #성격도 다정한 다정아저씨
#아저씨는 뭐가 특별할까 #샴푸값 많이 들겠다
#머리 말리기 귀찮아 #_____

맛있는공유

🍭 소중한 생명 구하는 신생아 살리기 캠페인

🍭 인성교육애니메이션 나눔편

제빵사 추천

🥛 빛을 기다리는 아이
(박종진 글, 백지원 그림/키즈앰/2017)

🥛 기부를 하면 무엇이 좋을까요?
(앰머 하우시 글, 데니스 클레멘센 그림/별숲/2015)

🥛 모두 내 거야!
(루 피콕 글, 리사 시한 그림/키즈앰/2019)

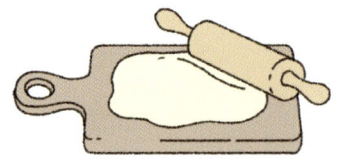

빵 반죽하기

🥣 네가 생각하는 기부는 뭐야? 이유도 같이 써봐.

기부는 [   ] 이다.

왜냐하면 _____

_____

_____ 니까.

빵 굽기

지금까지 실천했던 기부, 앞으로 실천하고 싶은 기부를 떠올려봐.

16번째 손님의 고민
몸과 마음이 불편한 사람들을 어떻게 대해야 하나요?

함께 하면 담백한 세상, 같이의 가치 치아바타

치아바타 레시피

도움이 필요한 사람들에 대한 따뜻한 배려 네 컵

나의 손을 내밀어 줄 수 있는 용기 세 조각

함께 살아가려는 열린 마음 두 스푼

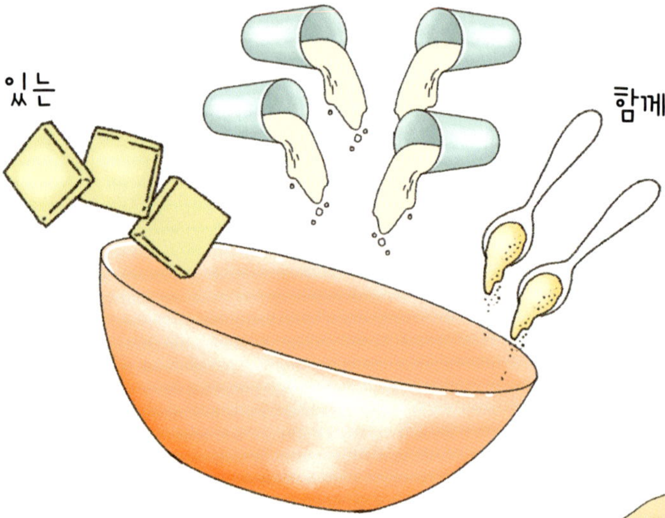

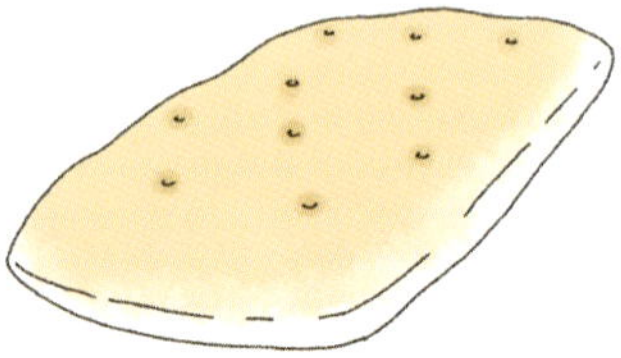

✚ 나만의 비법 재료는?

_____

치아바타가 구워지는 동안 "우린 모두 기적이야"를 읽어봐.
더불어 함께 살아가는 삶의 아름다움을 알게 될거야.

우린 모두 기적이야
(R. J. 팔라시오 글·그림/책과콩나무/2017)

나는 우주에 살고 있지 않지만, 언제나 헬멧을 쓴다. 헬멧을 쓰지 않는 나는 다른 사람들과 다르게 생겼으니까. 헬멧을 벗고, 사람들에게 나를 보여줄 수 있을까?

#원더 #영화 원작 #차별 없는 세상 #_____

맛있는 공유

🍭 옆 자리를 드립니다

🍭 라이프 포트레이트 - 프리다 칼로

제빵사 추천

🥛 동생을 데리고 미술관에 갔어요
(박현경 글, 이진희 그림/해와나무/2016)

🥛 보이지 않는다면
(차이자오룬 글·그림/웅진주니어/2013)

🥛 콧물끼리
(여기 글·그림/월천상회/2017)

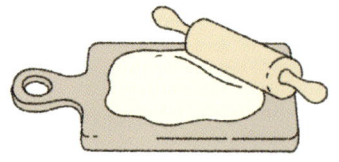

빵 반죽하기

 주인공 어거스트에게 주고 싶은 선물을 그려봐.

주고 싶은 선물

이 선물을 그린 이유를 가족과 함께 이야기해봐.

 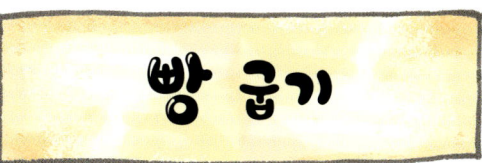

빵 굽기

🧤 내가 장애를 가진 친구를 위해 할 수 있는 일을 써봐.

1.

2.

3.

빵 나왔습니다.

스티커

미세먼지 때문에 놀 수가 없어요

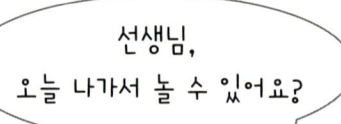

오늘의 빵

깨끗한 구름을 닮은
푹신푹신 우유빵

푹신푹신 우유빵 레시피

- 새파란 하늘 한 조각
- 깨끗한 공기 두 스푼
- 지구를 아끼는 마음 한 컵

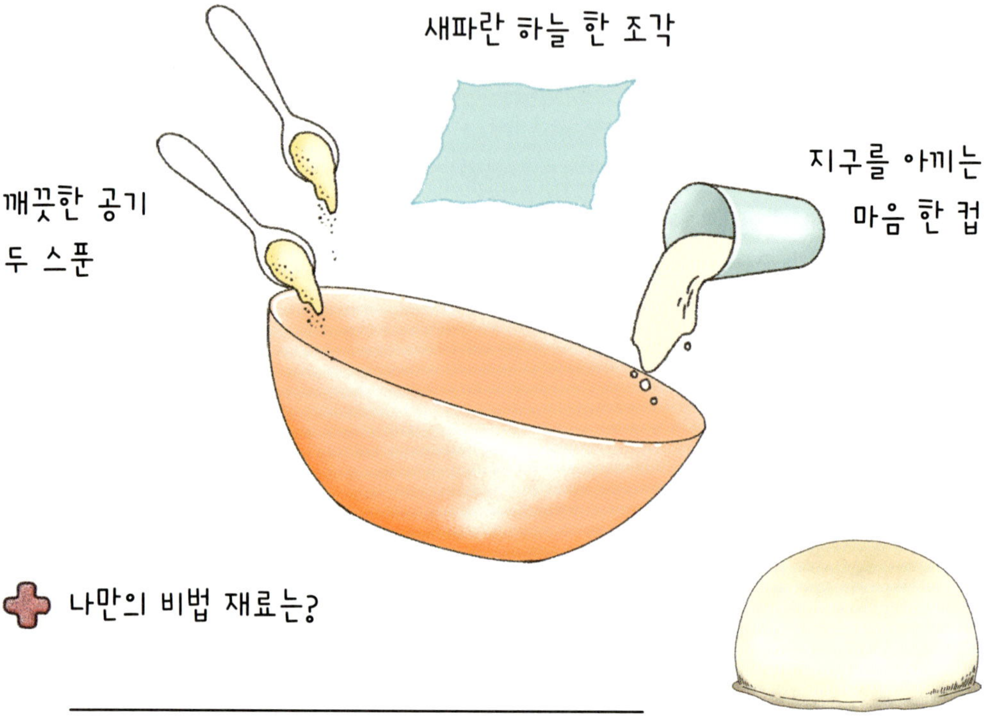

➕ 나만의 비법 재료는?

_____

우유빵이 구워지는 동안 '오레오오와 미세먼지'를 읽어봐. 깨끗한 공기의 소중함을 알게 될 거야.

오레오오와 미세먼지
(오우성 글·그림/동심/2019)

눈앞이 흐릿하다면 바로 미세먼지 군단이 나타난 거야. 미세먼지 군단이 나타나면 어떻게 해야할까? 미세먼지 군단을 막는 가장 좋은 방법은?

#눈앞이 뿌옇다면 #또 너냐 #답답한 마스크 #밖에 나가서 놀고파 #미세먼지 군단을 막는 최고의 방법
#_____

맛있는공유

🍭 미세먼지로부터 건강을 지키는 습관

🍭 미세먼지 대응 행동 요령

제빵사 추천

🥛 **어린이를 위한 미세먼지 보고서**
(서지원 글, 끌레몽 그림/ 풀과 바람/2019)

🥛 **죽음의 먼지가 내려와요**
(김수희 글, 이경국 그림/ 미래아이2015)

🥛 **오늘 미세먼지 나쁨**
(양혜원 글, 소복이 그림 / 스콜라/2016)

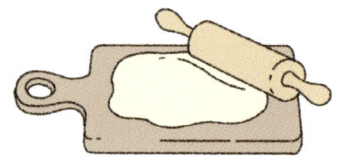

빵 반죽하기

🥣 미세먼지 때문에 아이가 마스크를 쓰고 있어.
아이가 하고 싶은 말을 마스크에 써 봐.

예: • 미세먼지 없이 살고 싶어요.
• 마스크 없는 세상
• 미세먼지 OUT!

 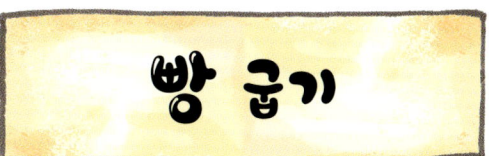

🧤 미세먼지가 왜 위험할까? 책을 읽고 알게 된 내용을 써 봐.

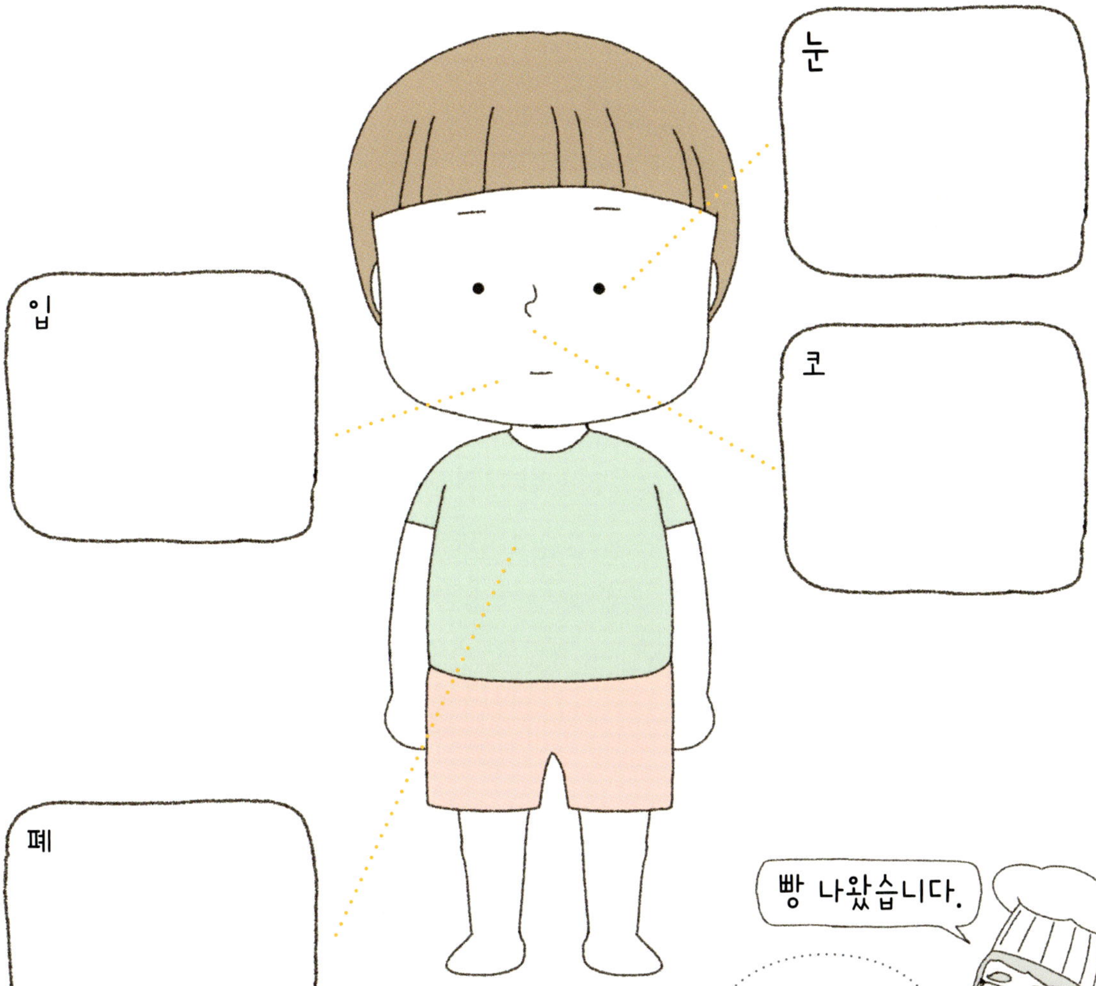

눈

입

코

폐

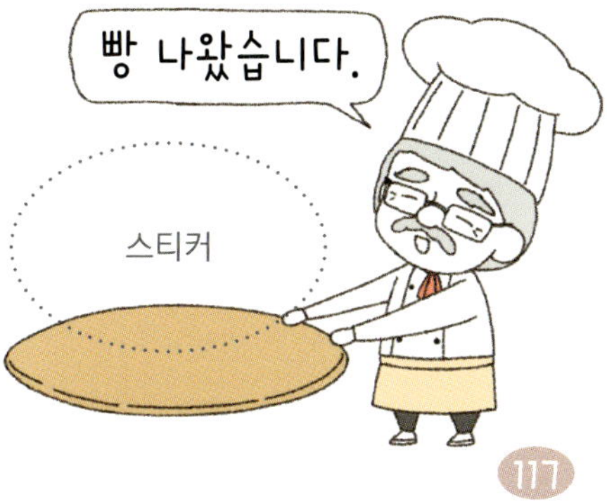

빵 나왔습니다.

스티커

내가 버린 플라스틱은 어디로 가는 걸까요?

지구를 위해 분리수거를 열심히 해야지.

플라스틱 | 종이 | 유리

플라스틱은 분해되는 데에 450년이 걸린다고 해요. 그런데 전체 플라스틱 생산량 14%만 수거되고, 실제로 재활용되는 비율은 5%에 불과하대요.

진짜요?

오늘의 빵

우리가 지키는 초록별, 녹차 카스테라

녹차 카스테라 레시피

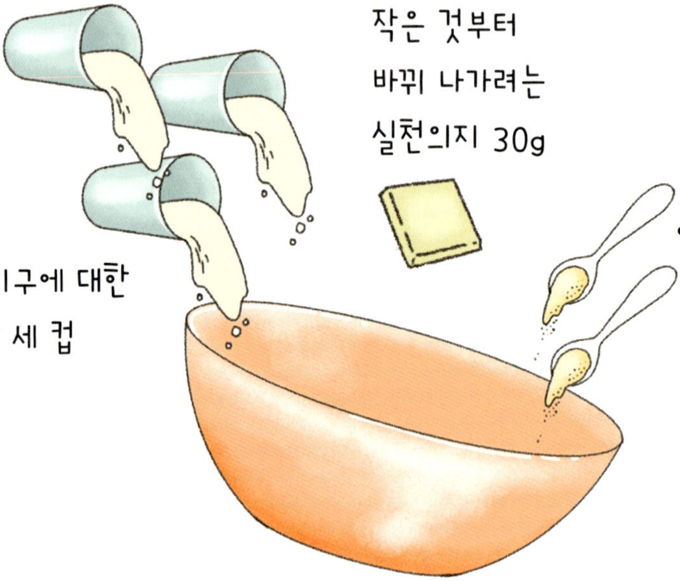

- 작은 것부터 바뀌 나가려는 실천의지 30g
- 지구를 위해 불편함을 참을 수 있는 마음 두 스푼
- 아픈 지구에 대한 미안함 세 컵 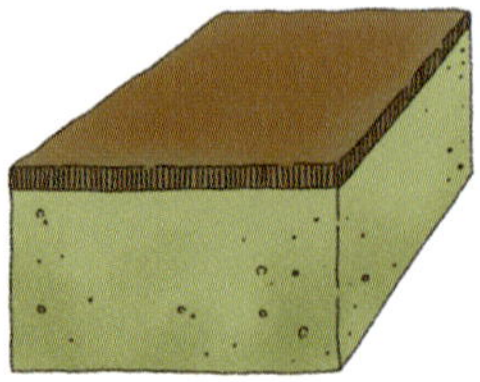 
- ✚ 나만의 비법 재료는?

  _____

녹차 카스테라가 구워지는 동안 '바다야 미안해'를 읽어봐.
지구를 사랑하는 방법을 알게 될 거야.

바다야 미안해
(조엘 하퍼 글, 에린 오셔 그림/썬더 키즈/2019)

바닷가에 갔다가 플라스틱 쓰레기를 발견한다면 어떻게 해야 할까? 사람들이 쓰고 버린 플라스틱 물건 때문에 아파하는 지구와 바다 생물들 구하기 위해 우리가 할 수 있는 일은 무엇일까?

#그물에 걸린 바다 거북 #비닐 봉지를 삼킨 고래 #플라스틱 조각을 먹는 바다새 #플라스틱 섬 #플라스틱 분리수거는 귀찮지만 꼭 해야 하는 것 #_____

맛있는 공유

🍭 지구를 지켜라

🍭 쓰레기도 족보가 있다

제빵사 추천

🥛 플라스틱 섬
(이명애 글·그림/상출판사/2020)

🥛 그린피스의 집
(오이카와 겐지 글·그림/시공주니어/2018)

🥛 내 이름은 플라스틱
(정미숙 글, 이경국 그림/아주좋은날/2019)

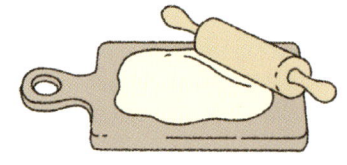

빵 반죽하기

🥣 건강한 바다 동물의 모습을 완성해봐.

빵 굽기

👋 나만의 '지구의 날'을 만들어봐.
(도움말: '지구의 날'은 아름다운 지구를 지키기 위한 일을 실천하는 날이야. 네가 지구를 위해 할 수 있는 일을 써봐.)

> 빵 나왔습니다.

스티커

19 번째 손님의 고민

나도 새 옷 입고 싶어요

나, 형!

우와, 우리 ○○이. 이렇게 많이 컸어? 작년에 입었던 옷이 많이 작아졌구나. 옷 사러 가야겠다.

나, 동생!

엄마! 제 옷도 이렇게 작아졌어요. 저도 옷 사주세요.

내 위치는 언니와 동생 사이, 사이좋게 샌드위치

사이좋게 샌드위치 레시피

실수를 감싸주는 포근함 세 장

서로를 보듬어주는 우애 두 쪽

우리 사이를 착 달라붙게 만드는 특제 소스 한 스푼

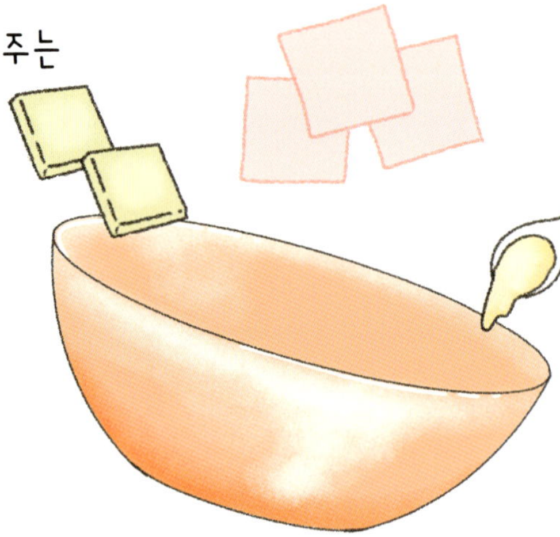

✚ 나만의 비법 재료는?

_____

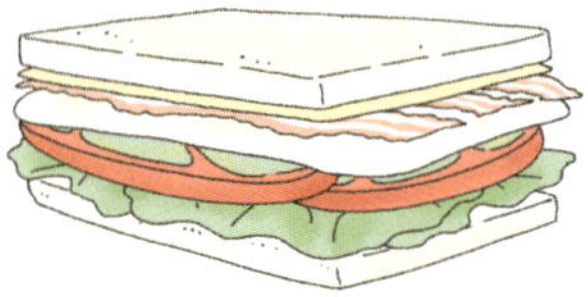

샌드위치가 만들어지는 동안 '내 이름은 둘째'를 읽어 봐.
늘 다투지만 서로를 아끼는 마음을 알게 될 거야.

내 이름은 둘째
(서숙원 글, 김민지 그림/별글/2018)

언니한테 치이고, 동생한테 밀려 힘들어하는 연두. 막내일 때는 뭘해도 귀여움을 받았는데, 동생이 태어나고부터는 같은 행동을 해도 늘 꾸중 듣고 혼나. 그러던 어느날, 연두에게 사건이 하나 일어나는데...

#그냥 둘째, 진짜 둘째 #동생이 있어야 진짜 둘째지 #옛날이 그리워 #둘째로 살아간다는 건 힘들어 #_____

맛있는공유

🍭 엄마는 동생만 예뻐해

🍭 레기, 내 동생

제빵사 추천

흔한 자매
(요안나 에스트렐라 글·그림/ 그림책공작소/2017)

나는 둘째입니다
(정윤정 글·그림/시공주니어 /2008)

터널
(앤서니 브라운 글·그림/ 논장/2018)

빵 반죽하기

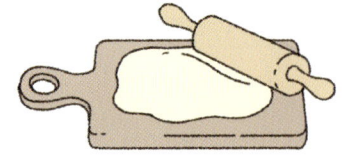

🥣 나는 우리집에서 몇 째일까? 외동이어도 좋아!
서운했던 적이 있으면 적어봐~

할 말 있어요~

내가 _____ 라서

_____ 때 서운했어!

 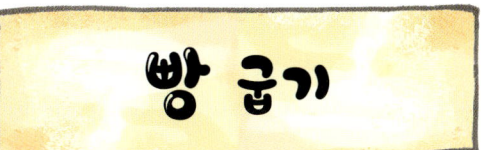

빵 굽기

🧤 형제, 자매와 즐거웠던 추억이 담긴 사진이 있다면 붙여봐.
행복한 나의 모습이 담긴 사진이면 무엇이든 좋아.

빵 나왔습니다.

스티커

엄마, 아빠랑 놀고 싶어요

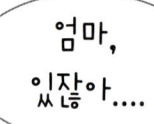

나는 부모님의 사랑이 고파요, 고구마파이

고구마파이 레시피

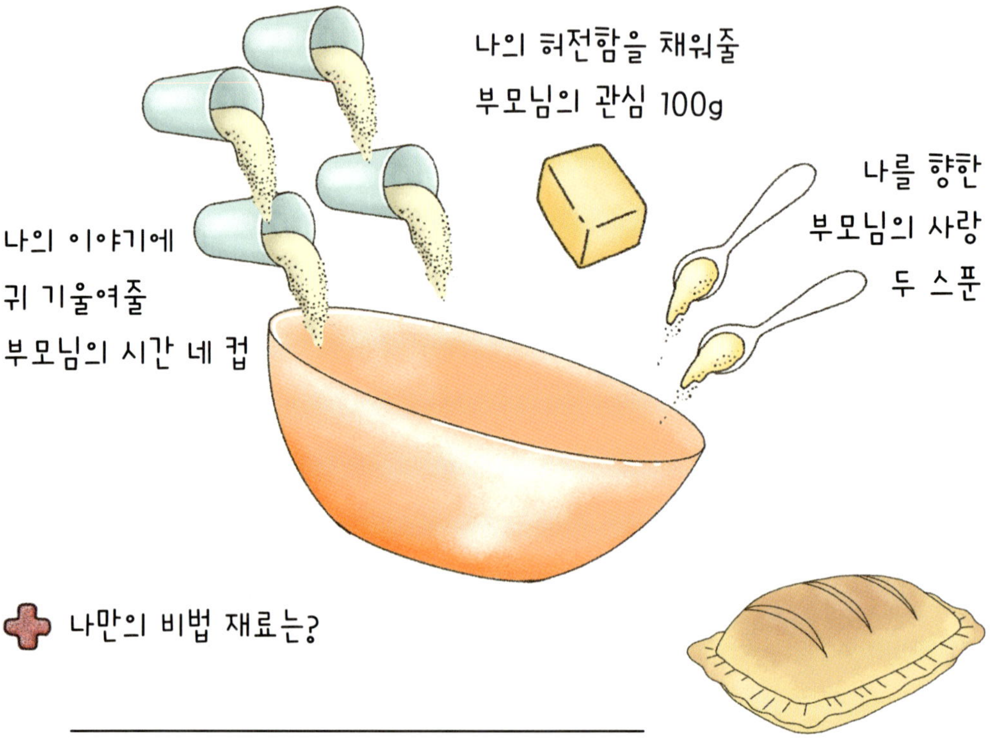

나의 허전함을 채워줄
부모님의 관심 100g

나의 이야기에
귀 기울여줄
부모님의 시간 네 컵

나를 향한
부모님의 사랑
두 스푼

➕ 나만의 비법 재료는?

_____

고구마파이가 구워지는 동안 '딸꾹'을 읽어 봐.
부모님과 즐거운 시간을 가지게 될 거야.

딸꾹
(김고은 글·그림/북극곰/2018)

엄마, 아빠랑 놀고 싶은 양양이. 하지만 엄마 아빠는 늘 바빠. 그러던 어느날 엄마 아빠가 "조용히 좀 해"라고 소리를 지르는데, 그 순간 양양이는 딸꾹질을 하기 시작해.

#딸꾹 #엄마 아빠 너무 바빠 #하고 싶은 말 백만 개 #딸꾹질 멈추는 방법 #숨참기 #물 마시기 #그래도 안된다면 #＿＿＿＿＿

맛있는공유

🍭 딸꾹

🍭 행복한 우리 가족

제빵사 추천

🥛 왕창세일! 엄마아빠 팔아요
(이용포 글, 노민경 그림/창비/2011)

🥛 부모님 제대로 키우는 법
(카라니라 그로스만-헨젤 글·그림/듬북/2017)

🥛 위대한 가족
(윤진현 글·그림/천개의바람/2016)

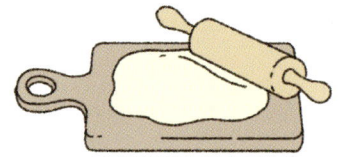

빵 반죽하기

 부모님과 함께 하고 싶은 일을 써봐.

1.

2.

3.

 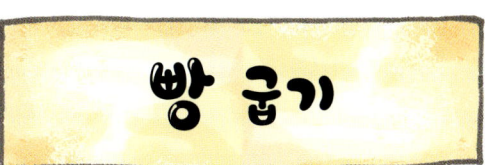

빵 굽기

🧤 마음을 따뜻하게 만들어줄 나만의 처방전을 만들어봐.

처방전				
환자	이름		의사	
	특징			
환자 상태				
환자의 병을 낫게 하기 위한 처방법				

빵 나왔습니다.

스티커

내 마음을 알아주는 그림책빵집

1쇄 발행 2021년 09월 30일
2쇄 발행 2022년 02월 28일

지 은 이 신헌재 방은수 김은정 임도경 허미선
펴 낸 이 정봉선   **기 획** 박찬익   **책임편집** 심재진

펴 낸 곳 정인출판사
주   소 경기도 하남시 조정대로45 미사센텀비즈 7층 F749호
전   화 031-795-1335 팩스 02-925-1334
홈페이지 www.pjbook.com   **이메일** junginbook@naver.com
블 로 그 blog.naver.com/junginbook
유 튜 브 http://url.kr/mIQEvR   **인스타그램** @jungin_book
등록 번호 제2020-000038호   **ISBN** 979-11-88239-94-8 73370
제작처   정우P&P

저작권법에 의해 보호받는 저작물이므로 무단 전재와 복제를 금합니다.
※ 값은 뒤표지에 있습니다.

스티커